人工知能と銀行経営

大久保豊
西村拓也
稲葉大明
尾藤　剛
小野寺亮
［著］

AI & Bank Management

一般社団法人金融財政事情研究会

はじめに

人工知能を、銀行・地域金融機関の経営に
どう実装していくか？

そのためには、これからの

『フィナンシャル・デジタライゼーション』の“世界観”

が必要です。この世界観をもつことこそが経営そのものだからです。世界観がなければ、時間の経過とともに受動的に人工知能（AI）を導入することになります。

「他行も導入したので、さすがに当行も“何らかの”対応をしなければ」

このような“世界観なきAI導入”は、勝ち残り、生き残るための打ち手とはなりません。世界観あってこそ、“必要となるAI”を精錬し、経営実装できるからです。

すべての経済取引が、常時電子連結、多次元相互、即時共鳴する世界において、これからの銀行（間接金融機関）ビジネスは、“動的相互多次元一貫”という『フィナンシャル・デジタライゼーション』として形態進化していきます。

金融商品の販売はもはや単品ではなく、ポイント制、キャッシュバック、受発注等の商取引との構造化された“パッケージされたビジネス”となります。

そしてパッケージされたビジネスが、スマートフォンさえあれば、24時間365日、いつでもどこでも提供されるのです。

このような世界においては、財務諸表を中心とした、また現場実調を基盤とした今までの銀行ビジネスモデルは大きな変貌を遂げることになります。

もはやデジタルはツールではありません。
“リアルこそがツール”なのです。

私たちは日々、大量のデジタルを不断に消費し、そして生産しているのです。「超高速」「超大容量」の５Gが決定的な後押しとなり、IoT、オープンAPIが革新浸透していきます。加えて、消費増税対策の電子決済推進です。猛烈な勢いで、『フィナンシャル・デジタライゼーション』が進展していきます。

私たちはいま、社会的特異点にいるのです。すべてがデジタル化した電脳社会において、もはや人間単体では“お邪魔”な存在です。

電子の流れが人間によりストップされるからです。したがって、デジタルが潤滑巧みに流れるよう、また引き込むよう、人工知能を精錬精製し、銀行・地域金融機関の“電脳歯車”として業務フローに組み込み、駆動させることは、必要不可欠なのです。

本書は、目次に示すとおり、AIと人間の“新結合”による『デジタル・プロセス・リエンジニアリング』について論稿し、銀行経営の“新次元の発展＝信頼革命”を招来する「見取り図」と「AIモデル」、そして「実現すべき銀行像」を具体的に提示するものです。

デジタライゼーションの進展を拒むことはできません。それは地球社会全体での発展だからです。個人法人を問わず、その電脳社会に包摂されていくからです。

電脳社会に“電子接続”すること、それも有意なプラットフォーマーと協業を考案しながら、電子潮流を引き込むことが最重要の経営課題なのです。

そうでなければ、実体経済に入るべき資金が日本銀行と銀行間の資金やりとりで滞留してしまう“金融空転”が令和の時代も続くことになります。

プラットフォーマーとの“電子接続”のためには、自らの業務プロセスを、“画期的な人工知能”を組み込みながらデジタル・プロセス・リエンジニアリングしなければなりません。

そして、注目すべきは、“画期的な人工知能”が採掘する対象＝“ビッグデータ”（これがなければAIは意味をなさない）を探すことも、借りる必要もないことです！　銀行・地域金融機関において、すでに排他的かつ独占的な権利を有する圧倒的な電子資産が、身近に存在しているからです。

その存在こそが『口座取引明細履歴情報』です。

『口座取引明細履歴情報』、それは、プラットフォーマーの垂涎の的である**“電脳経済の写し絵”**です。

プラットフォーマーに対して、比較優位を発揮できる１丁目１番地で、即時性、常時更新性、明細性、商流連関性という、これ以上ない特性をもつ『口座取引明細履歴情報』という圧倒的なビッグデータを、人工知能に学習させ、業務活用していくのです。

さらに本書ではデジタライゼーションの“先進国”である中国から、デジタル・プロセス・リエンジニアリングの要諦を学びます。AIによる単純な人間機能の代替という世界ではなく、新たな人間価値と働きどころを創造し、**「お客様との圧倒的な信頼関係」を獲得する『信頼革命』なのです。**AIと人間の対立論争は、まったくもってピンボケの意味のない議論です。

『人間が先鋭化すべき価値』とは何か？

デジタル・プロセス・リエンジニアリングを最高のものとするための重要な考察となります。それは**信用創造から『将来創造』**へと行動革新することです。

お客様にとっての“過去の延長線上”をなぞるのではなく、

“より良い次元へ誘い、今の次元を超える”＝『将来創造』の創造

にこそ、「人間の本源的価値」があります。

なぜなら、AIは“過去の延長線上での良判断”にすぎないからです。

AIと人間の“新結合”により達成される「圧倒的な顧客満足の銀行像」を提示していきます。

著者略歴

大久保　豊（おおくぼ　ゆたか）
慶應義塾大学経済学部卒
ケンブリッジ大学政治経済学部大学院卒（Master of Philosophy）
住友銀行（現三井住友銀行）、マッキンゼー・アンド・カンパニーなどを経て、1996年にデータ・フォアビジョン株式会社設立
2000年に日本リスク･データ･バンク株式会社設立
2019年に両社の経営統合会社ForeVision株式会社設立
現在、ForeVision株式会社代表取締役社長、
　　　日本リスク･データ･バンク株式会社取締役、
　　　データ・フォアビジョン株式会社取締役

西村　拓也（にしむら　たくや）
九州大学経済学部経済工学科卒
日本長期信用銀行（現新生銀行）、ニッセイ アセット マネジメントを経て、
2000年にデータ・フォアビジョン株式会社に入社
現在、日本リスク・データ・バンク株式会社代表取締役社長、
　　　ForeVision株式会社取締役

稲葉　大明（いなば　だいめい）
早稲田大学理工学部数学科卒
一橋大学大学院国際企業戦略研究科金融戦略コース終了
あさひ銀行（現りそな銀行）を経て、2002年に日本リスク・データ・バンク株式会社入社
現在、日本リスク・データ・バンク株式会社代表取締役副社長、
　　　データ・フォアビジョン株式会社取締役、ForeVision株式会社取締役

尾藤　剛（びとう　ごう）
東京大学法学部卒
あさひ銀行（現りそな銀行）を経て、2003年に日本リスク・データ・バンク株式会社入社
現在、日本リスク・データ・バンク株式会社専務取締役、
　　　データ・フォアビジョン株式会社取締役、ForeVision株式会社取締役

小野寺　亮（おのでら　りょう）
早稲田大学政治経済学部卒
あさひ銀行（現りそな銀行）を経て、2006年に日本リスク・データ・バンク株式会社入社
現在、日本リスク・データ・バンク株式会社執行役員

※上記はすべて執筆当時

日本リスク・データ・バンク株式会社

2000年に銀行界およびデータ・フォアビジョン社が設立した本邦初の「信用リスク」に関する金融機関の共同データベース会社です。

その後、「オペレーショナル・リスク」「動態・商流」「地方自治体」などへ、共同データベースの範囲を拡張し、そこからさまざまな**人工知能を創出、“HALCA《ハルカ》（Highly Advanced machine Learning for Confidence and Administration）”**と名付けて育成し、銀行・地域金融機関の「Online（ネット）⇔Offline（店舗）ビジネスの融合発展」「外部データとの電子接続」「AIアシストの金融商品・サービス」に、それら“HALCA”たちを組み込んだ**デジタル・プロセス・リエンジニアリング**をサポートするプラットフォームを提供しています。

IT＆IoT × ビッグデータ × 金融工学 × 人工知能 × 動態経済指標

により、次元を超えるフィナンシャル・デジタライゼーションを“想像”し“創造”し、**“安心活機”**の現実社会を建築していきます。

日本リスク・データ・バンク株式会社

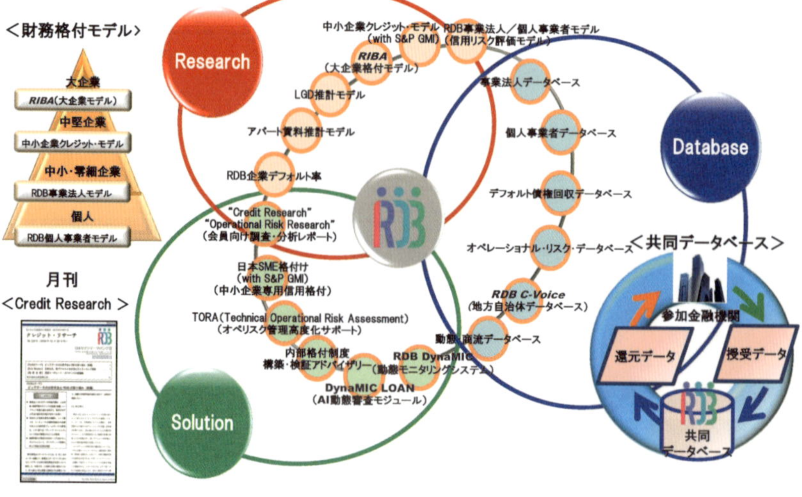

著者関連書籍の紹介

【究解】信用リスク管理
大久保豊　監修・尾藤剛　著
(2018.11刊)

“総点検”スプレッドバンキング
大久保豊　著（2015. 5 刊）

よい自治体とは何か？
―財務分析からわかる
　地方自治体の現在と将来―
大久保豊　監修／尾藤剛　著
(2015. 5 刊)

【実践】オペレーショナル・リスク管理
大久保豊　監修／
瀧本和彦・稲葉大明　著
(2011.11刊)

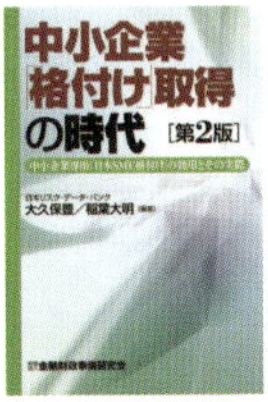

中小企業「格付け」取得の時代〈第 2 版〉
―中小企業専用「日本SME格付け」の
　効用とその実際―
大久保豊・稲葉大明　編著（2008. 6 刊）

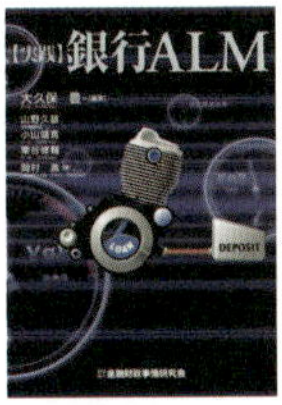

【実践】銀行ALM
大久保豊　編著／
山野久雄・小山靖寛・
栗谷修輔・岡村進　著
(2006. 2 刊)

・『スプレッド・バンキング』（大久保豊　著、1996年 6 月）
・『アーニング・アット・リスク　バンキング勘定のALM』（大久保豊 編集、市川智・小山靖寛・片岡 徹也　著、1997年 5 月）
・『信用リスク・マネジメント革命―創造的与信判定システムの未来―』（大久保豊・安田隆二　著、1998年 7 月）
・『銀行経営の理論と実務』（大久保豊・根本直子・山本真司・岸本義之・本島康史　著、2003年 5 月）
・『不完全なVaR―「バンキング勘定」への適用問題とその解決法―』（大久保豊　著、2008年 1 月）
・『プライムレート革命―脱「貸し渋り」の金融システム―』（大久保豊・尾藤剛　著、2009年 3 月）
・『【全体最適】の銀行ALM』（大久保豊 監修、森本祐司・野口雅之・松本崇・栗谷修輔　著、2010年 7 月）
・『ゼロからはじめる信用リスク管理―銀行融資のリスク評価と内部格付制度の基礎知識―』（大久保豊　監修、尾藤剛　著、2011年10月）

以上、金融財政事情研究会ほか多数

CONTENTS

第6章 最大最強最良の『口座取引明細履歴情報』からのAI精錬

第7章 『デジタル・プロセス・リエンジニアリング』の基本構造図

第8章 “最先進国”中国より学ぶ —それはAIと人間の新結合による『信頼革命』—

第9章 『デジタル・プロセス・リエンジニアリング』の具体設計 —人間とAIの“新結合”—

第1章

『フィナンシャル・デジタライゼーション』の世界観

1 デジタライゼーションの本質

人工知能（**AI**：Artificial Intelligence）と人間の「対立論争」は、まったくもってピンボケの意味のない議論です。

「AIが仕事を奪う、これからは大変だ」「雇用問題にどう対処すべきか教えてほしい」「あなたはAI信奉者で私たちの敵ではないか」このような漠然とした危惧や、経営の傍観的“不”行動の原因は何でしょうか。それは、これからの世界に対する展望がないことによります。

最も大事なこと、それは経営者の“世界観”です。

これからの日本の社会、そして、金融がどのような世界となるか。

その“世界観”をまずもつということです。もちろん将来の話ですから、予想にすぎません。しかし、この予想こそが“経営”そのものなのです。この世界観がなければ、時間の経過とともに受動的にAIを導入することになるでしょう。「他行も導入したので、さすがに当行も何らかの対応をしなければ」といった塩梅です。AIプロバイダーのプレゼンテーションと相見積りを経て、経営会議に上申し、導入するといったありさまになるのです。

このような“世界観なきAI導入”は、生き残り、勝ち残るための有効な打ち手となるはずがありません。世界観があってこそ、その世界で必要となるAI機能を設計し経営実装できるからです。単にAIが人間機能を代替するのみでは、生き残ることはもちろん、勝者となることもできません。

なぜならそのようなAIは誰でも作成し導入することができるからです。AIはツールでしかありません。このツールをビジネスに単純適用しても大きな成果はあがらず、ただただ右往左往するだけです。すでにそのような経験を皆さんはされています。

最も大事なことは「世界観の形成」と、それに対するAIと人間の協業、お客様にとっての新価値の創造です。

「AIと人間の協業なんて、理想論や概念論で、結局実務に役に立たない」と諦観されている読者もいらっしゃるでしょう。

また、「AIの導入ステップや具体的な実践方法の提示とはならないだろう」と期待せずに読み始めている読者もいらっしゃるでしょう。

大丈夫です。

本書を通して、具体的なAIと人間の協業に関し、有意義な提示ができると考えています。

では、これからの金融経済社会はいかなる形態へと進化するのでしょうか？

AIはツールであり、それ以上のものではありません。したがって、人間機能を代替する“必然性”が希薄であるという世界観であれば、時間の経過とともに受動的にAIを導入すれば良いのです。

しかし、その代替がこれからの金融経済社会が喫緊に要求する世界観であるならば、その内容とスピードが企業の生死を分けるものとなります。

デジタル・ネイティブという新人類がすでに若者だけではなく、私のような60歳間近の人たちにも増えています。デジタル・ネイティブではないと思っている方々も、実はデジタルマンであり、デジタルウーマンです。

テレビをみるよりスマートフォン（以下、「スマホ」）をみる時間が長く、またスマホを操作すればするほど新たなデジタル信号を無意識・有意識に製造し、発信しています。

テレビをみなくともNetflixやYouTubeをみたりした結果、大量のデジタル消費をしているのです。そういえばテレビもデジタルでした。

タクシーは、もはやスマホ配車が当たり前で、お迎え状況が地図アプリで確認でき、乗車すれば行き先がロギングされ、車内タブレットにOne to Oneのデジタル広告が流れます。

通常の買い物はAmazonで電子注文し、コンビニではSuicaやQRコードで電子決済する。楽しいショッピングにはもちろんお得なクレジットカードで支払い、現金払いはほとんどありません。

私たちは、個人生活、企業生活を問わず、すべてにおいてデジタルによって営まれているのです。

私たちは、すでにデジタルの一部であり、デジタルそのものであり、もはやデジタルはツールではなく、“リアルこそがツール”と考えます。

日本全国の個人・個人事業主・中小企業・中堅企業・大企業は、すでに“巨大な電脳世界”にて、**常時電子連結**、**多次元相互**、**即時共鳴**しながら、経済活動を営んでいます。

すべてのものがインターネットに連結する**IoT**（Internet of Things）、誰もが他の電子データにアクセスできるオープン**API**（Application Programming Interface）によっていっそう急激に進展していきます。

政府の強力な後押しのもと、消費増税対策として中小事業者まで広がる電子決済社会の進展。そしてそれが、**5G**（第5世代移動通信システム）により革命的に加速するのです。

このような世界において、金融商品はもはや単品商品での販売は不可能となります。経済取引が、**常時電子連結**、**多次元相互**、**即時共鳴**によってなされる世界において、金融だけが“別取引”とはなりません。

異業種が“異形の信頼関係”を動態的に創造し、ファイナンスを含めて“常時提案”を試みる世界なのです（**図表1－1**）。

【図表１－１】

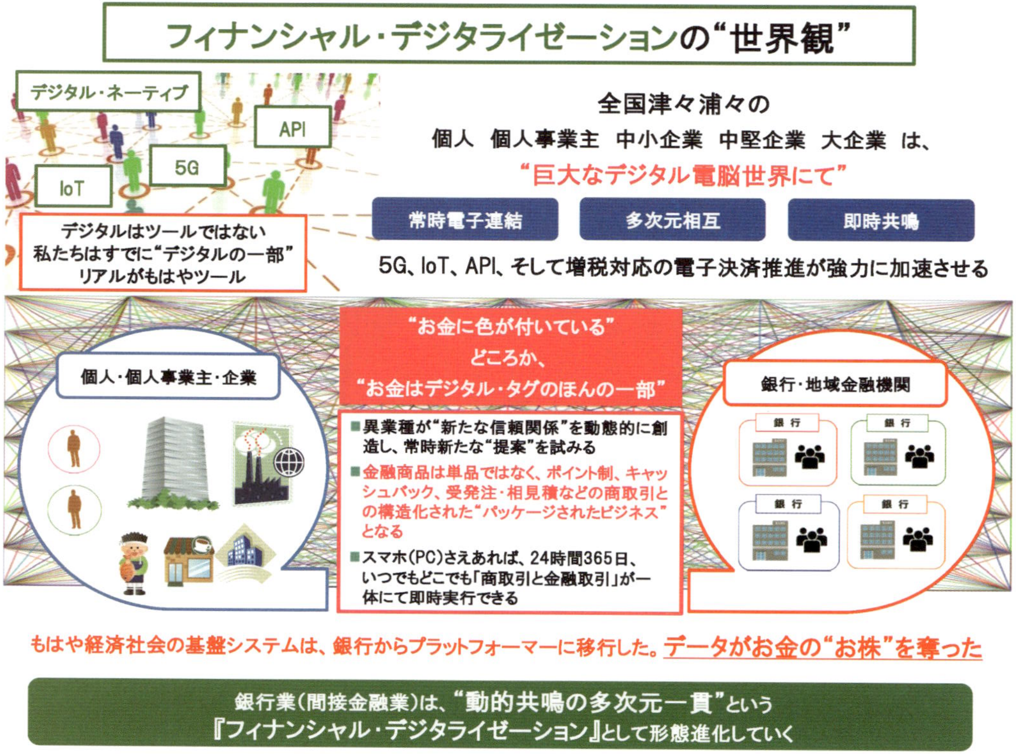
フィナンシャル・デジタライゼーションの“世界観”
デジタル・ネーティブ
IoT
5G
API
デジタルはツールではない
私たちはすでに“デジタルの一部”
リアルがもはやツール
全国津々浦々の
個人　個人事業主　中小企業　中堅企業　大企業　は、
“巨大なデジタル電脳世界にて”
常時電子連結
多次元相互
即時共鳴
5G、IoT、API、そして増税対応の電子決済推進が強力に加速させる
個人・個人事業主・企業
“お金に色が付いている”
どころか、
“お金はデジタル・タグのほんの一部”
■異業種が“新たな信頼関係”を動態的に創造し、常時新たな“提案”を試みる
■金融商品は単品ではなく、ポイント制、キャッシュバック、受発注・相見積などの商取引との構造化された“パッケージされたビジネス”となる
■スマホ(PC)さえあれば、24時間365日、いつでもどこでも「商取引と金融取引」が一体にて即時実行できる
銀行・地域金融機関
銀 行
銀 行
銀 行
銀 行
もはや経済社会の基盤システムは、銀行からプラットフォーマーに移行した。データがお金の“お株”を奪った
銀行業(間接金融業)は、“動的共鳴の多次元一貫”という
『フィナンシャル・デジタライゼーション』として形態進化していく

金融商品は単品商品ではなく、ポイント制、キャッシュバック、受発注・相見積り等の商取引と構造化された“パッケージされたビジネス”となるのです。そしてそれが、スマホやPCさえあれば、24時間365日、いつでもどこでも提供されるのです。

お金には色がないのは前世紀のお話です。お金には色どころか、“タグ”が付いているのです。

これまでの人類は、経済取引をする際、“お金＝価格”が最も重要な指標でした。

つまり、交換という行為を人類が発明し、売りたい人、買いたい人を自由意思によって取り持つ触媒、それが“お金＝価格”でした。

しかし、買いたいもの、売りたいものには、色、品質、ブランド、デザイン、機能、大きさ、重さ、頑健さなど無数の属性があります。

電化製品、食料品、車、家、各種サービス、すべてにおいてそうです。無数の特徴・特性があるのです。

前世紀までの経済取引では、新聞の折込チラシやテレビ広告等で商品の特徴を頭に入れて店頭に向かいますが、最終的には“お金＝価格”によって、意思決定の沸点となり、いくらで買う、いくらで売るかで決着しました。

しかし、デジタライゼーションの世界ではまったく異なります。

“お金＝価格”は単なる１つの特徴でしかないのです。

デジタライゼーションにより、すべての商品・サービスには総合的な“電子タグ”が付いているのです。

そのタグには、価格だけでなく、色、大きさ、品質、デザイン、新旧品表示はもちろん、利用者の感想、写真・動画、売主情報、買主情報、配送情報、資金決済情報などが総合的にデジタル記載されているのです。

そう、“すべての情報がデジタル・タグ化”しているのです。

これこそがデジタライゼーションの本質です。

それも相当なデジタル量です。単なるテキストデータではなく、画像、動画、音声がそのタグに内包されているのです。

これこそが近年の爆発的な情報通信革命によって成し遂げられたデジタライゼーションの世界なのです。しかも、**常時電子連結**、**多次元相互**、**即時共鳴**によってなされる世界です。

“お金＝価格”は、デジタライゼーションにより、経済取引の主役の座を引きずり降ろされたのです。これは何を意味するのでしょう。

そうです。金融機関はもはや経済取引の中心ではなくなったということです。デジタライゼーションの世界において、覇権を握るもの、それは、“デジタル・タグの製造業者”である、『プラットフォーマー』なのです。

GAFA（Google、Apple、Facebook、Amazon）と呼ばれるインターネット事業者は、常時巨大なデジタル情報を生成・集約するプラットフォームを形成しています。そのプラットフォーム上にて膨大で多種多様な商品やサービスに構造的な“デジタル・タグ”を付帯し、取引（経済圏）を形成しています。すべての市場がプラットフォーマーに集約される勢いです。

プラットフォーマーは単なる“デジタル・タグ”の組成にとどまらず、プラットフォームに参加するすべての経済主体に対して、“マッチング・ビジネス”を行っています。

そして、そのマッチングのために、各経済主体の嗜好やニーズを常時探索するAIを開発しています。過去の購買履歴だけではなく、購買に至るまでの閲覧ホームページを動的にモニタリングし、AIで仮説を立てながらマッチングを行っているのです。

さまざまなデジタル情報のタグ付けと常時更新、そしてその後のビジネス・マッチングを巨大な電脳社会にてAIを駆使し、日々休むことなく経済取引を産み出しているのです。このような世界においては、“金融商品はもはや単品での販売は不可能”となります。

そのタグの中に“金融”がメニュー化される、いや、されているからです。金融だけが“別取引”とはなりません。

前世紀の価格情報を中心とした“不自由な取引”にはもう戻れません。自由で多種多様な嗜好にて売り手も買い手も、ジャストミートの経済取引ができるからです。人類は情報革命により、新たな次元の経済厚生を得ているのです。法人個人を問わず、このデジタライゼーションの世界にますます組み込まれていきます。

経済社会の基盤者は、銀行等の金融機関からプラットフォーマーに移行したのです。Amazonで買い物をする時、もはや金額で検索を開始しません。データがお金の“お株”を奪ったのです。

金融経済のプラットフォームは、“プラットフォーマー”に移ったと認識し、**フィナンシャル・デジタライゼーション**の世界観を確立し、デジタル・プロセス・リエンジニアリングを早急に実施すべきです。

次に、デジタライゼーションによって引き起こされた“大波”の実例を紹介し、すでに私たちはデジタライゼーションの世界に生きていることを確認します。

2 アリババのえげつないキャンペーン

2015年３月、中国NO.1のプラットフォーマーである**アリババ**（Alibaba）は、驚愕の、そしてあまりに“えげつないキャンペーン”を敢行しました。

> アリババアプリを開き、町に出よう！
> スーパーでほしい商品のバーコードをそのアプリで読み込もう！
> さすれば、同じ商品のいちばん安いネットショップをお見せしよう！
> そしてわれわれはその値段がさらに半額となるよう補填しよう！
> ただしその半額補填には上限がある！　早い者勝ちだ！
> 即座に購入しよう！
> さすれば、明日には自宅に届くだろう！

午前９時の出来事でした。老若男女がさまざまな店舗に我先にと突入しました。“店舗での実物確認”により「体感情報」を収集し、アリババ・ネットショップで「価格情報」や「製品情報」「評判情報」を得て購入し、そしてそれが翌日にはデリバリーされ、アリババの電子マネーで資金決済されたのです。それも、“スマホで２タップ（撮る、買う）”で実行されたのです。

ほしい商品を実物確認のうえ、いちばん安く、それも驚きの割引での“最大幸福の買い物体験”を社会革命としてもたらしたのです。

スーパーや小売店舗に壊滅的な打撃とショックを与えました。

キャンペーン開始後、わずか10分で38万人が参加し、その売上が１日のスーパー10店舗分の売上になったと報道されています。

多くの商品が即座に売り切れになりました。実店舗ではありません。アリババのネットショップでの出来事です。

デジタライゼーションはみえないものですが、この出来事はみる以上の“体験”を、それも通常の満足感を超越した“最大幸福”にして、全国民に“みせつけた”のです。

デジタライゼーションは、経済取引を『情報収集』『デリバリー』『資金決済』『反復継続』に“因数分解”することを可能としました。

この因数分解からのさまざまな新結合により、満足感を超越する“お客様の最大幸福”を創出する『ビジネス構造（経済取引の構造的シーン）の最適新形成』を科学的に担保する技術革新をもたらしたのです。

Online（インターネットでの商取引）では、店舗代・人件費が、まったくかからないのですから、実店舗は価格競争においてはどうしても勝つことはできません。

さらに特に重いもの、かさばるもの、買い溜めがきくものに関して、スーパーより安く、かつ自宅に届くのですからなおさらです。衣服や靴に関しても、現在のネットショップでは、試着後に合わなければ返却自由です。また、複数のサイズがオーダーでき、フィット感を実際に体験したうえで、不要な商品を返却できるサービスも充実しています。

そのような返却取引ができない、大型商品である冷蔵庫や冷暖房機などは、家電量販店に行き、店員から詳細な説明と操作性等を確認した後、最も安いネットショップを探して購入する行動がもはや一般的です。

デジタライゼーションの世界においては、ほしい商品が決まったら、街を歩き続け安いところを探さなくても、瞬時に電子一覧で選ぶことができます。デジタライゼーションは「価格に関する情報の完全性」をもたらしました。

また、購入を希望する商品・サービスの情報や評判（口コミ）をテキスト情報のみならず、写真・ビデオ映像で詳細に確認できるようになりました。

デジタライゼーションは、経済取引における『情報収集（価格・製品情報・評判）』に関して、その完全性をもたらしたのです。

プラットフォーマーにとって唯一弱い情報が“体感情報”でした。それをいかに収集し、ネット販売につなげていくか。その新機軸の方法が、前掲のえげつないキャンペーンだったのです。“価格や基本情報はネット”で、“実物確認は実店舗”で、そして最終的に購入する店舗はいちばん安いところで、という「経済取引の構造的シーンの最適新形成」が、デジタライゼーションにより革新生起されたのです。

デジタライゼーションは、**デリバリー**に関しても、“因数分解”を可能としました。「この商品は重いから宅配にしよう、歯磨き粉１本だがまったく急いでいないからこれも宅配にしよう」といった具合です。購入シーンや状況に応じて、デリバリーができ、購入者はとても幸福な選択肢を得ました。

そして、その宅配スピードが“驚き”なのです。地図情報の電子化や物流システムのIT革命によって、プラットフォーマーは“事前に不断の販売予測をし、各地の配送センターに適切な在庫を配備”しているのです。宅配時間の限界までの縮小を常時目指しています。それはデジタライゼーションによって形成された大規模データからAIによって導き出されたものです。

いまでは時間指定、即日配達は当たり前で、“時間短縮”での物流革命となっています。アリババが独創した独身の日（双11）である11月11日は、中国最大のネットセールの日です。2018年の取引額は過去最高の５兆円を超えたと報道されています。たった１日です。そして、その数億にも及ぶすべての商品の宅配をすべて３日以内に成し遂げています。

別のプラットフォーマーの京東《ジンドン》による同様のキャンペーン（6月18日）では、スマホ注文から自宅のドアがノックされるまで、“わずか7分”の事例が発表されています。7分です。AIによって、その購買（反復継続性）がすでに予見されていて、購入者の自宅が配送センターの至近にあったことによるものです。

今後はドローン配送が行われていきます。特に過疎地域において有効です。中国はドローン製造において、すでに世界一の座を獲得しています。

デジタライゼーションは経済取引において、**資金決済**に関しても、“因数分解”を可能としました。

Suica、楽天Edy等の電子マネーか、あるいはクレジットカードか、はたまたデビットカードか、どれも幅広く選択できます。また高額商品にはWebローン（電子約定）も提供されます。さらに電子決済事業者のポイント制度やキャッシュバックの大競争が展開されており、

“資金決済自体がショッピングの一部”となっています。

同じ商品の購入においても、資金決済の選択次第で値段が大きく変わるということです。

金融業は“動的共鳴の多次元一貫”という『フィナンシャル・デジタライゼーション』として形態進化していくのです。

デジタライゼーションは経済取引において、**反復継続**に関しても、“因数分解”を可能としました。もはや“すべてのお客様は一見さんではなく得意先”となりました。

継続的な商取引の基盤がデジタライゼーションによって形成されました。1回1回の消費の場面で、長期的な視点で“特典”を付与することにより、“動的なロイヤリティ”の形成を可能としたのです。

これにより、商取引から得られるものは、「顧客満足」という概念を超え、『**信頼**』を獲得できる世界へと“次元の超越”を果たしたのです。

前掲のアリババのえげつないキャンペーンは、経済取引を、「情報収集」「デリバリー」「資金決済」「反復継続」に“因数分解”し、その要素要素の革新的な新結合により、顧客満足度を超越する“驚きの最高幸福体験”を創出する「ビジネス構造」をデジタル科学にてイノベーションしたものです。

デジタライゼーションの荒波の結果、百貨店やスーパーマーケットに残るのは“生鮮食品”だけといわれています。

生鮮食品は、野菜でも果物でも魚介類でも、さすがに実物を手にとり確認したいし、食べたい時が買いたい時だからです。しかし、この領域においても、大きなデジタライゼーションの“大波”がやってきています。そのケースを第８章「“最先進国”中国より学ぶ」で考察します。

デジタライゼーションは、経済取引を、『情報収集』『デリバリー』『資金決済』『反復継続』に“因数分解”することを可能としました。この因数分解により、『お客様の最大幸福を創出する事後検証可能な科学手法』をもたらしたのです。

“お客様の最大幸福”を創出する『ビジネス構造の能動的最適形成』を科学的に担保する技術革新をもたらしました。

これらの結果、Online（インターネットでの商取引）とOffline（実店舗）での商取引の相互エンパワメントによる“融合”が引き起こされました。

これからの経済世界は、インターネット上にとどまらず、OnOff一体での電脳化となります。デジタルはツールではありません。私たちはすでに“デジタルの一部”であり、リアルこそがもはやツールなのです。

アリババの“えげつないキャンペーン”は、スーパーの軒先をアリババのショーウィンドウにし、価格の裁定取引を仕掛けたものです。アリババの行動は裁定取引にとどまりません。大手スーパーへは仕掛け続けていますが、中小の小売店には大変感謝される異次元のデジタライゼーションを行っています。

次にその事例であるOnlineとOfflineでの商取引の相互エンパワメントによる“融合”に関して、考察を深めます。

アリババは、独身の日（双11）とは別に、12月12日（双12）にも毎年壮大なキャンペーンを展開しています。

「双11」がアリババTmall（天猫）でのキャンペーンなのに対し、「双12」は、アリババTaobao（淘宝網）でのものです。

近年は“OtoO”としての社会運動となっています。OtoOとは、『Online to Offline』の略で、インターネットから各種イベントにより“刺激《しげき》”を与え、実店舗へお客様を誘致することです。

アリペイ（QRコード）で決済すれば5割引、100万を超える商店、16の国々、400の都市にて、200億円の販促資金を投入し、現金割引、クーポンの発行を行いました。

このキャンペーンで、おじいさん、おばあさんもスマホの特訓勉強という社会現象を生み、さらにお客様が中小・零細の“実店舗”に殺到し、あっという間に商品が売り切れる天国のような世界を創造したのです。参加者は1億人を優に超えています。一度実店舗で幸福体験したお客様は、購入可能な商品を再度インターネットで注文する「Offline to Online」という相乗効果を生みます。

日本のソフトバンクがそれを見習い行った、「PayPay100億円あげちゃうキャンペーン」は記憶に新しいことでしょう。インターネットから“電子刺激”を送り、リアル店舗への招客を生起させ、その後、ネットショップでの継続購入へと連続するマクロ・マーケティングです。

アリババは、津々浦々の零細商店への“リアルな集客”を生起させ、コスト削減と利益拡大を現実のものとしました。

そして、それが一過性のものではないのです。零細商店の“経営のデジタル化・科学精密化”を成し遂げ、未来を切り拓いたのです。

「双11」「双12」という人類史上驚きの経済イベントは、中国のみにとどまりません。東南アジアにおいても大変多くの人々が参加しています。もはや地球規模での祭典です。

そこで売れている商品の上位にくるのがパナソニック、ソニー、ホンダ、資生堂、花王、ユニ・チャームなどの日本商品です。ユニクロは10億元以上（≒160億円）の売上をあげるダントツの人気で、開始わずか35秒で１億元を超えたと報道されています。“秒殺”＝一瞬で売れてしまう現象という社会用語もできました。

深く正しく理解すべきは、デジタライゼーションはもはやインターネット上での現象ではなく、リアルな実店舗と融合し、両者が相互に刺激し合いながら“電脳化”する世界なのです。ネットもリアルもまったく同じように１つの世界となるのがデジタライゼーションです。そして、そこにおいてファイナンスが同時一体にて付帯されていきます。

買いたいものがあり、手持ちのキャッシュ（もちろんこれも電子マネー）がなければ即座にワンタップで借入れができ、購買となるのです。売り手の状況も即時モニタリングされており、ネット仕入れは当然のこと、店舗従業員増員手当ての資金も、３分で融資です。

これらがすべて“スマホで完結”です。貸出のみならず、各種保険、倉庫サービス、スタッフ育成サービスも提供されています。アリババはこう主張します。

零細・小企業の経営を、デジタルにより精密科学化することによりエンパワメントし、売上増強、コスト削減、利益を具体的にそれも動態にて増進させる。

スマホがOnlineとOfflineの架け橋となり、すべての世界を変えたのです。机上のパソコンでビジネスを行う売り手、買い手の人たちが、パソコンをもってまでして町に出て経済取引はしない、そのような20世紀の旧世界を完全に超越させたもの、それが“21世紀の神器”であるスマホなのです。

アリババは、“秒殺”の人類史上未知の領域での経済取引を担い、ファイナンスを同時付帯するフィナンシャル・デジタライゼーションの高度化と戦っています。その頂上決戦が「双11」であり、「双12」なのです。

コンピュータが膨大かつ瞬発的な取引量でダウンしないよう、またそこで人工知能が問題なく機能するよう、ITおよびAIを革新強化しています。

毎年毎年、大キャンペーンで経済を煽り、自らを窮地に追い込み、それを無事にこなしていく“驚きのイノベーション”を不断に意図的に能動実行しているのです。

その過程で、「脱IOE（IBM、オラクル、EMC）」を成し遂げ、独創のクラウド・コンピューティングであるアリババクラウド（阿里雲）を開発しました。

デジタライゼーションは、経済世界を“異次元”へと超越させたのです。全国津々浦々の『個人』『個人事業主』『中小企業』『中堅企業』『大企業』は、すでに“巨大な電脳世界”にて、常時電子連結、多次元相互、即時共鳴しながら、経済活動を営んでいます。

【図表１－２】

デジタライゼーションは、経済世界を“異次元”とした

全国津々浦々の、個人、個人事業主、中小企業、中堅企業、大企業は、
“巨大な電脳世界”にて、『常時電子連結』『多次元相互』『即時共鳴』しながら、
経済取引を行う（行わなければ満足する取引ができない）

- デジタライゼーションは、経済取引を、**情報収集、デリバリー、資金決済、反復継続**に**“因数分解”**することを可能とした
- デジタライゼーションは、この因数分解からのさまざまな新結合により、満足感を超越する**“お客様の最大幸福”**を創出する**「ビジネス構造（経済取引の構造的シーン）の最適新形成」**を科学的に担保する技術革新をもたらした
- デジタライゼーションは、その実現したビジネス構造に関する**「事後検証可能な科学手法（PDCA）」**をもたらし、不断のビジネスモデルの革新を可能とした
- 結果、**「Online（インターネットでの商取引）」**と「Offline（実店舗）での商取引」の相互エンパワメントによる**“融合”**をもたらした
- これからの**経済世界は、ネット上にとどまらず、実店舗取引との“総合一体での電脳化”**となる
- **デジタルはツールではない。私たちはすでに“デジタルの一部”であり、リアルがもはやツールである**

経済取引のOn＆Off総合一体での電脳化

「Online」
インターネット
での商取引

銀行業（間接金融業）は、
“動的共鳴の多次元一貫”という
『フィナンシャル・デジタライゼーション』
として形態進化していく

「Offline」
実店舗
での商取引

このような世界において、金融商品はもはや単品での販売は不可能となります。金融商品は単品ではなく、『ポイント制』『キャッシュバック』『受発注・相見積り等』の商取引と構造化された“パッケージされたビジネス”となるのです。そしてそれが、スマホ（PC）さえあれば、24時間365日、いつでもどこでも提供されるのです。

金融業は、“動的共鳴の多次元一貫”というフィナンシャル・デジタライゼーションとして形態進化していくのです（図表1－2）。

第2章

必要不可避の
デジタル・プロセス・リエンジニアリング

1 プラットフォーマーに浸食されるか、電子接続するか

銀行・地域金融機関が取り扱う金融商品・金融サービスは、単品販売ではなくなり、ポイント制度、キャッシュバック、受発注・相見積り等の商取引との構造化された“パッケージされたビジネス”となります。

“動的共鳴多次元一貫”というフィナンシャル・デジタライゼーションを拒むことはできません。法人個人を問わず、お客様がフィナンシャル・デジタライゼーションの世界に包摂されていくからです。それが不可避だからです。

そのような世界において、いかに対処すべきでしょうか。

すべてがデジタルの世界で生起し完結する世界において、その中心は残念ながら、銀行・地域金融機関とはなりえません。もはやお金が中心ではなく、“情報連結”するものが支配力を行使するのです。ITやIoTを梃子とした、業法上の制約が小さい“プラットフォーマー”が台頭します。いや、すでに台頭し強力な支配力を行使しているのは皆さんご存知のとおりです。

銀行・地域金融機関はデジタル社会のプラットフォーマーとはなれません。しかし、プラットフォーマーと協業して電子接続することはできます。

国民経済・地域経済の発展に有力なプラットフォーマーを選別し、電子接続します。そして、その電子潮流を自行に導き、商取引と構造化された“パッケージされたビジネス”の輪に入り、プラットフォーマーから融資案件や資産マネジメント案件の電子紹介を受け、またこちらからプラットフォーマーに対し、彼らのビジネスが伸張する電子紹介をします。

電子潮流は、**地理的制約を超越したバンキング・ビジネス**の発展を生起さ

せ、**新機軸の手数料ビジネス**を生み出すことが期待されます（**図表２－１**）。

中国最大のSNS（ソーシャル・ネットワーキング・サービス）であるウィーチャット（**WeChat**）を展開するテンセント（時価総額40兆円）が設立した**微衆銀行**（WeBank、2014年設立の中国初の民営銀行）のビジネスモデルは、個人ローン、投信等のスマホ販売に関し、“他の金融機関”に技術提供し販売協力することを第一としています。既存の銀行・地域金融機関は、プラットフォームの“１つのカスタマー・グループ”として位置づけているのです。

プラットフォーマーと電子接続する。そのために、成し遂げなければならないことがあります。それこそが、デジタル・プロセス・リエンジニアリング＝DPRなのです。

【図表２－１】

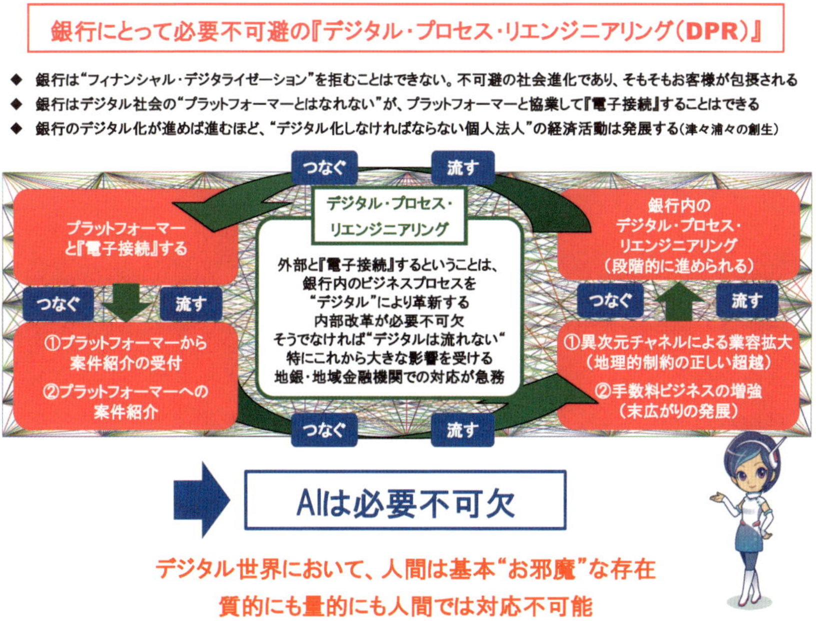

プラットフォーマーと**電子接続**するということは、銀行内のビジネスプロセスを“デジタル”により革新する内部改革が必要不可欠です。

そうでなければ“デジタルは流れない”。デジタルが流れなければ、プラットフォーマーは電子接続する意味を感じず、接続するどころか排除することになります。

それは、法人個人のお客様の立場にとってみても同じことです。電子接続している取引銀行の内部が“人力対応”で、プラットフォーマーが要請するデジタライゼーション・ビジネスを履行できないのであれば、そもそもメインバンクとしないでしょう。

ニッポン大企業の商流ネットワークをバックボーンとしているメガバンクにおいては、違った次元でプラットフォーマーになれる可能性があります。

また、プラットフォーマーがねらうマーケットは、日本の基幹企業ではありません。小企業・個人事業主そして個人です。いくらプラットフォーマーが頑張っても、メガバンクの世界的金融力には太刀打ちできません。

プラットフォーマーが浸食するのは、地方銀行をはじめとする地域金融機関のマーケットです。一般個人層においては、預金・決済業務のみならず、資産運用業務、ローン業務（住宅・カードローン）において、総合的かつ大規模な浸食が想定されます。

メガバンク、大手地方銀行、ゆうちょ銀行等のナショナル・ブランド行を除いては、一般個人層は、もはや地域金融機関のコアカスタマーとして期待できなくなると想定します。

外国為替や振込手続は、急速にスマホや暗号通貨にシフトしています。手数料が無料あるいは驚くほど低価格なので対抗がむずかしい。

少額送金、仲間内の割り勘などはLINE Payが便利です。なぜなら、送金と同時にLINEができるからです。「送金しました」「たしかに入金確認しました」「お祝いをいただきありがとう」と会話できるからです。

金融庁は、送金・決済サービスの規制に関し、資金移動の規模により３つに再分類し、少額の資金移動業者に対しては、資金保全のための供託金額を引き下げる等の参入障壁の緩和を検討しています。この規制改革は、早ければ2020年、実現されると報道されています。

リアルな円通貨もさまざまな電子マネーに置き換わっていきます。

今後、中国のようにスマホでのQRコード決済が急拡大するでしょう。加盟店においては、店頭にQRコードを表示するだけでいっさいの設備費用が不要だからです。

スマホQRコード決済の大展開として、ソフトバンクの「PayPay100億円あげちゃうキャンペーン」は記憶に新しいところです。わずか10日で“190万人”のユーザーを獲得しました。１人当りの獲得コストは5,000円でした。たった10日で大手地方銀行の顧客数に到達しました。

楽天ペイのQRコード決済に、Suica機能を融合する業務提携が発表されました。楽天の電子決済可能店はすでに全国300万カ所、Suicaは110万カ所です。両社はもちろん、決済データをさらなるビジネス発展に活用していきます。そして利用する個人には、お得なポイントを小まめかつ動態にて付与します。楽天はすでに年2,500億円のポイントバックをしていると報道されています。

LINEも“先着3,000万人に1,000円”をというスローガンのもと、スマホ決済サービスであるLINE Payにて総額300億円の還元キャンペーンを始めています。LINEの友達なら自己負担ゼロ円で1,000円相当のポイントを送り合うことができるものです。

デジタルガレージ社は、決済システム（クラウドペイ）のサービスを開始すると発表しました。これはスマホ決済のQRコードを束ねるサービスです。NTTドコモ、LINE、メルカリ、中国アリババ、テンセントの日中５社のプラットフォーマーのQRコードを１つにして利用できるようにするものです。店側はそれぞれのプラットフォーマーと契約する必要がなく、導入費用もかかりません。

経済産業省によると、2018年の日本の電子商取引は前年比プラス8.9％の17兆9,845億円になったと発表されました。そのうち、スマホ経由が４割を占めるとのことです。

10年後の銀行ATMは昔の公衆電話ボックスのようになり、平成遺産といわれるのでしょう。ごく近い将来、一般個人層のほとんどが銀行店舗にもATMコーナーにも行かなくなります。“スマホこそが店舗”なのです。

24時間365日年中無休で密なる関係が築ける“スマホ店舗”の圧倒的な“立ち寄り立地”は、銀行のホームページではありません。プラットフォーマーが支配した電脳社会の窓である彼らのポータルサイトです。

2 中国の驚異的な金融商品の販売チャネル

世界時価総額第7位（2019年7月時点）の中国アリババ（約45兆円、トヨタ自動車の約2倍、三菱UFJフィナンシャル・グループの約6.5倍）の爆発的成長を支えたのが、子会社のフィナンシャル・デジタライゼーション戦略会社である**アント・フィナンシャル（Ant Financial）**です。

アリペイで有名な革新的なモバイル電子決済業務を打ち立てました。決済と同等にすごかったのが**余額宝（ユエバオ）**というMMF（マネー・マーケット・ファンド）の販売です。

モバイル決済用に預けている資金について、いつでもスマホ操作で余額宝の購入が可能なのです。

買い物に使え、送金にも使え、利息までつくのです。それも24時間365日、手数料ゼロ、1元（16円）から購入可能（日中時間帯で付利が違う高度運営）で、“3タップ”で余額宝の購入となります。

そして、同じように“3タップ”で換金です。買いたい時にすぐに解約し口座入金です。“収益を生む電子財布”と理解され、爆発的に預り資産を増やしました。

“銀行免許が要らない投資信託”にて30兆円もの資金を集め、2017年には世界最大のMMFとなり、資金を集め続けています。「余額宝」の販売開始は、2013年のことにすぎません。

アリババはさらに2014年に本格的な**定期運用サービス「招財宝（ジャオツァイバオ）」**を開始しました。「余額宝」はアリババの商品でしたが、「招財宝」は違います。アリババはさまざまな運用商品の“便利な仲介場所”を提供するとし、他の金融機関へ開放したのです。

さらにこのプラットフォーム上で取り引きされる“すべての投資商品に元利金100％の第三者保証”を完備しました。保証は「衆安保険」が引き受けました。

「衆安保険」は、アリババの馬雲（ジャック・マー）、テンセントの馬化騰（ポニー・マー）、平安保険の馬秋哲（マー・ミンジェ）の“3人の激しく競争する馬”が、協力し合い設立した中国初のインターネット保険会社です。投資商品なのに、すごい“安全性”が装備されました。そのうえ、購入した運用商品に対して、いつでも担保で借入れができ、その際“ローンを提供する銀行等を自由に選択”でき、返済期間も自由設定です。すごい“流動性”も装備されました。

また、運用ニーズ（金額、期待利回り、期間）を事前登録しておけば、合致した商品が発売されると即座に連絡がスマホに届きます。また、運用商品を売却したい時もその売却ニーズをインプットしておけば、“自動マッチング”してくれます。

これは金融機関にとって、“驚きの販売チャネル”となりました。

勝手にネット上で売れていくのです。そして返済・解約処理も完全自動化です。アリババの「招財宝」への“電子接続”は銀行・地域金融機関にとって当たり前のものとなりました。

以上のとおり、アリババは、「決済滞留資金」の戦略的受け皿として、「余額宝」を自社開発し、主要商品として積極的に資金収集しています。

流動性・利回りに優れていますし、銀行免許が不要です。銀行・地域金融機関にとっては厳しい競合先となり、（流動性預金）の機能がプラットフォーマーに代替される可能性がきわめて高いものとなっています。そもそも電子マネーのプラットフォーマーでもあることから、この事業分野で長期的に勝利することは大変な困難が予想されます。

一方、「長期運用資金」用途の「招財宝」は、ベンダーフリーとしました。金融機関の専門性と機能性を評価し、競合者とはならず、金融機関に対して接続をオープンにし、“マッチングの場所とツール”を提供するように、プラットフォーマーは大きく舵を切っています。

このことは「アセットマネジメント会社」にとっては、とても良い話です。“直販”となるからです。店舗も構えず、勝手に売れていくのです。一方、銀行・地域金融機関にとっては“最悪”です。ゼロ金利の中で頼みの綱であった投資信託をはじめとする金融商品販売における“手数料収入の崩壊”を意味するからです。

個人ローンに関しては、アリババにとって、**芝麻信用（ジーマクレジット）**がプラットフォーマーとして中心事業ですから、経済取引の全シーンをコントロールできる彼らに対して、競争で勝つのはきわめて困難でしょう（第8章で詳述します）。

これらのことから、一般個人層においては、預金・決済業務のみならず、資産運用業務、ローン業務（住宅・カードローン）において、総合かつ大規模な浸食が想定されます。10年後はもはやコアカスタマーとはなりえないと覚悟すべきです。

3 フィナンシャル・デジタライゼーションにおける銀行・地域金融機関の将来展望

東南アジアで配車サービスを手掛けるゴジェック（GO-JEK）はフィナンシャル・デジタライゼーションのビジネスを加速させています。

配車アプリ会社とは表面的な肩書であって、本質は“生活総合サポート・アプリ会社”です。配車アプリ会社はすべて、“金融事業こそが収益の根幹”であるとして事業経営しています。

配車アプリ会社は、人間の移動をつかさどる“リアルな接遇”が事業の要諦です。ですから、世界中の機関投資家から資金が集まっています。世界に20社程度しかないデカコーン（企業評価額100億ドル（約１兆円）の非上場会社）に、ゴジェックを含め３社が名を連ねます。ゴジェックは2015年に誕生したばかりの会社です。

銀行免許をもたない異業種に対して、新生銀行、住信SBIネット銀行は、彼らの銀行機能をプラットフォーム・サービスとして提供する“ネオバンキング事業”を展開することが報道されています。銀行自体が、異業種の銀行ビジネスへの参入を支援するのですから、なおさらです。

前掲の一般個人層の見通しとは違い、個人富裕層に関しては、提供する価値を高めれば、銀行・地域金融機関に留保できると考えます。プラットフォーマーやFinTech事業者に対して、多額の財産を信託するまでの“信頼”はすぐには形成できないと考えるからです。

ただし、地方では構造的な人口減少が加速するうえ、大相続時代を迎え、相続人が多く居住するメガバンク等の“都市圏銀行”に資産が集約される可能性が高いと想定します。

ただし、法人取引から紐帯した個人取引（経営者・従業員）は、ロイヤリティが高く、銀行・地域金融機関に留保できる“要《かなめ》”となるでしょう。法人こそが地方銀行・地域金融機関のコアカスタマーとなると確信します。

プラットフォーマーやFinTech事業者の与信機能は、“運転資金”の範囲を超えない、むしろ超えるつもりもありません。設備投資、M&A、研究開発資金等の総合的な与信機能、コンサルティング機能は銀行・地域金融機関が今後も主体となります（**図表２－２**）。

また、前述した金融庁による送金・決済サービスの規制変更に関しても、一度の送金が100万円を超える資金移動者に対しては、厳しいマネーローンダリング対策が求められています。この点においても、プラットフォーマーや新興のFinTech事業者にとっては高い参入障壁となります。

【図表２－２】

“新たな信頼関係”を動態デジタルにて創造する『プラットフォーマー』の進展を俯瞰すると、

① 一般個人層においては、預金・決済業務のみならず、資産運用業務、ローン業務（住宅・カードローン）において、総合的かつ大規模な浸食が想定される。あるいはいっそう厳しい競争環境が続く

メガバンク等の一部ブランド行を除いては、一般個人層はもはやコアカスタマーとして期待できなくなる

預貸金や資産運用業務は単品ではなく、ポイント制度、キャッシュバック等も付帯された商取引との構造化された“パッケージされたビジネス”となる

プラットフォーマーとの電子接続による“パッケージされたビジネス”の一部を構成するよう、またそれが認められるよう内部のデジタル・プロセス・リエンジニアリングを実行する

② 富裕個人層においては、“提供価値”を高めれば、銀行・地域金融機関に留保できる

プラットフォーマーやFinTech事業者に対して、多額の財産を信託するまでの“信頼”はすぐには形成できないであろう。
ただし、大相続時代を迎え、相続人が多く居住するメガバンク等の“都市圏銀行”に集約される可能性が高い
一方、“法人取引から紐帯した個人取引（経営者・従業員）”はロイヤリティが高いものとなる

③「法人」こそが、地方銀行・地域金融機関のコアカスタマーとなる。ただし、タイムリーな運転資金ニーズが主体の個人事業主や零細企業においては、DPRを戦略的に実行しないと大きく浸食される

プラットフォーマーやFinTech事業者での与信機能は、“運転資金”の範囲を超えない（超えるつもりもない）
設備投資、M&A、開発資金等の総合的な与信機能、コンサルティング機能は銀行・地域金融機関が今後も主体となる
ただし、“フィナンシャル・デジタライゼーション”は業態内での激しい競争を生起させ、“新たな価値”を提供した者のみが生残ることになる

比較優位が維持可能な事業は“法人業務”となる

今後は、法人こそが地方銀行・地域金融機関のコアカスタマーとなる、と考察します。

ただし、APIがますます進展するフィナンシャル・デジタライゼーションの世界では、他行他機関の取引情報を随時電子取得できるようになるため、銀行・地域金融機関業態内での激しい競争を生起させ、“新たな価値”を提供した者のみが生き残る、大変厳しいものとなるでしょう。

特に、個人事業主、零細企業においては、DPR（デジタル・プロセス・リエンジニアリング）を戦略実行しないと顧客基盤を大きく浸食されるものと想定します。それは、資金ニーズの中心が“タイムリーな運転資金”であるからです。そこはプラットフォーマーにおいて“得意中の得意”なところだからです。

こと法人に関しては、プラットフォーマーに浸食されないよう、また同業者からの攻勢に打ち勝てるよう、DPRの早期実行が、フィナンシャル・デジタライゼーションの世界を俯瞰すると、地方銀行・地域金融機関において急務なのです。

また、プラットフォーマーとの電子接続による“パッケージされたビジネス”の一部を構成するよう、またそれが認められるよう内部のDPRを革新実行する必要があるのです。

猶予された時間は長くありません。5G、APIが激しい融合的競争を引き起します。APIはすでに金融庁の後押しにより大きく進んでおり、今後はますます進むでしょう。

APIの進展は、もはや金融サービスを行うために、銀行業を遂行する必要がないフィナンシャル・デジタライゼーションの世界をもたらします。外部者が、口座取引情報や実在確認を随時デジタル入手できるからです。それらのデータを活用しながら信用スコア付けも可能となりました。

すでにFinTech事業者のみならず、異業種からの信用リスクビジネスの浸食は活発です。APIは異業種との競争のみならず、同業者からの激しい競争をもたらします。なぜならメインバンクでなくとも、自由に決済口座の状況を電子閲覧できるからです。

EUでは、2018年にいわゆる「口座ポータビリティ指令」が発効されました。銀行は、お客様の要望があれば顧客のデジタル情報を競合他社へ連携する義務を負いました。これは銀行を乗り換えやすくするためです。

携帯電話において日本でも起きた、「ナンバー・ポータビリティ」の銀行版です。私は早晩日本にも導入されると考えています。それは、預金者のためになるからです。

銀行口座を替えたいと思っても、クレジットカード・公共料金の引落変更等の書面手続が障害となり、その煩わしさや経済コストを思うと不承不承、現口座を維持している個人や法人は多いと思います。銀行・地域金融機関のポイント制度や特典競争の激化により、口座保有者の銀行切替ニーズは今後ますます高まるでしょう。

どうすればそれを防御できるか。その答えは**デジタル・プロセス・リエンジニアリング（DPR）**なのです。

そして何よりもお客様である企業こそが、デジタライゼーションの経済革命において、**DPR**しなければ生き残れません。

特に製造業において急務です。すべての製品がネットでつながるIoTの世界において、製造業は大きく変貌しなければなりません。なぜなら、製造業の“サービス化”が急速に進展しているからです。

販売した製品の使用状況や不具合をIoTにてモニタリングし、満足される仕様へと改善改良することが、製造業において生き残りの重要な要件となっています。顧客のニーズが“所有から使用”にシフトしていることが根因です。ライドシェア、スペースシェア（民泊等）、シェフシェア、21世紀は間違いなく「シェアリング・エコノミー」が進展します。

そこでは、デジタル契約に基づくワンストップ多次元一貫のサービス形態となり、フィナンシャル・デジタライゼーションを担うプラットフォーマーのビジネスのなかでますます営業が営まれるようになります。

“所有から使用”への顧客ニーズの変化を受け入れ、それを“継続的な囲い込みのチャンス”ととらえるべきです。そしてそれが従来の売り切りから“継続的安定売上”へと経営を抜本強化させるのです。

デジタライゼーションの世界において、製造業のみならずすべての企業は、顧客の使用状況をデジタル理解し、それに対する最良の調整を即座にデジタル実行することが求められるのです。

DPRを革新実行した銀行・地域金融機関が、地元企業のIoTの指南役となります。「メインバンクにしていて良かった」と、それをいつも実感されるようでなければ、生き残ることはできません。

ますます進展し便利の極みとなるデジタライゼーションと一体で金融サービスを提供している存在感を確固たるものとするのです。

デジタル・プロセス・リエンジニアリング（DPR）をどう革新実行していくか。地方銀行・地域金融機関の最優先課題です。

その実行において人工知能（AI）は必要不可欠な生産要素です。なぜなら、デジタル世界において、人間は基本的に“お邪魔”な存在だからです。

多次元膨大かつ即時の電子潮流において、人間は質的にも量的にも対応不可能です。いちいちボタンを押すことはできません。人間は“お邪魔”な存在なのです。

DPRを実行するためには、要所要所に、“電脳の歯車”である人工知能を設置し、駆動させなければなりません。そうでなければ電子情報は流れないのです。

第3章

そもそも
人工知能（AI）とは何でしょう?

1 AIの基礎知識

フィナンシャル・デジタライゼーションにおいて、必要不可欠の“電脳の歯車”である**人工知能（AI）**とはいかなるものでしょうか。

本章では、AIの信用リスクビジネスへの適用状況とその発展性に関して考察し、理解を深めていきます。

AIはツールですから、それ自体がフィナンシャル・デジタライゼーションの世界観とはなりえません。しかし、AIトピックスの目先のインパクトから、昨今、皆さんがざわついているのも現状でしょう。

まずはAIに関して、審査適用の観点から整理してすっきりさせます。その評価を基礎に、フィナンシャル・デジタライゼーションにおける人間機能との代替と協業、人間の新たなる価値の創造に関して考察を進めていきます。

人工知能に対する明解な科学的定義は存在しません。“使い方”の定義を指すことが一般的です。たとえば、何らかのコンピュータシステムに、人間的な仕事をさせることです。一方、人工知能の“つくり方”の定義では、機械学習を指すことが一般的です。

機械学習とは、“明示的にプログラムしなくても学習する能力をコンピュータに与える研究分野（1959年；アーサー・サミュエル）”、あるいは、“コンピュータプログラムが、タスクTと評価尺度Pにおいて、経験Eから学習するとは、タスクTにおけるその性能をPによって評価した際に経験Eによってそれが改善されている（1986年；トム・M・ミッチェル）”といった定義が有名です。

本書ではこの機械学習を人工知能として進め、AIとも表記していくことにします。

2 信用財務格付モデルとAI

実は、銀行界はすでに、人工知能（機械学習）を活用し業務を推進しています。実に20年以上にわたり、機械学習にて、『信用財務格付モデル』の形成と経営適用を行っています。

「信用財務格付モデル」の作成においては、借り手に関する電子情報だけを用意すれば、コンピュータはそのデータをヒントに、どのような借り手が安全か、あるいは危険なのかを評価する「計算式」を自らがつくりだしていきます。

また、新たな別データ、たとえば直近データを加えると、それにフィットするように、コンピュータは計算式を自動更新することができます。「自己資本比率が高いほどよい」「企業規模、業態、業歴に関する知見」といった人間審査の経験的な事実を、明示的に教えなくとも、コンピュータはそれらの傾向をデータから「学習」し、計算式に反映していきます。

日本リスク・データ・バンクにおいては20年前に、説明能力、監査性、発展性を考慮し、『ロジスティック回帰モデル』を人工知能（機械学習）の方法として採用しました（図表３－１）。

ロジスティック回帰モデルとは、過去データにおける「デフォルト先」と「非デフォルト先」の“比率”を説明するスコアをつくるにあたり、線形関係ではなく、「ロジスティック関数」（図表点曲線）を想定し、最適な「説明変数」と「重みづけ」の組合せを、機械学習して推定するモデルです。「ロジスティック関数」が０から１の値をとる特性から、“デフォルトしない、する”の２現象を表記するのにフィットしました。

【図表３－１】

すでに、銀行界は人工知能（機械学習）を“20年以上”にわたり、審査業務に活用して、業務を推進している

『機械学習』とは、

- 明示的にプログラムしなくても学習する能力をコンピュータに与える研究分野（1959年　アーサー・サミュエル）
- コンピュータプログラムが、タスクTと評価尺度Pにおいて、経験Eから学習するとは、タスクTにおけるその性能をPによって評価した際に、経験Eによってそれが改善されている場合である（1986年　トム・M・ミッチェル）

【信用財務格付モデルの主な手法】

手法	アプローチ	説明能力	監査性	発展性
判別分析モデル	分類	△	○	×
決定木モデル	分類	△～○	○	×
ロジスティック回帰モデル	数式	○	○	×
サポート・ベクター・マシン	数式	○	△	×
ランダム・フォレスト	分類	○	×	○
ニューラル・ネットワーク	数式	○	×	×
多層ニューラル・ネットワーク	数式	○～◎	×	○

＊1　説明能力：当該する手法により作成されるモデルの性能

＊2　監査性：スコア算出過程の容易な追跡

＊3　発展性：技術革新等による将来的な性能改善の可能性

（出所）大久保豊　「信用リスクマネジメント革命」（金融財政事情研究会、1998年）より

- ◆「信用財務格付モデル」の作成では、借り手に関する電子情報だけを用意すれば、コンピュータはそのデータをヒントに、どのような借り手が安全かあるいは危険なのかを評価する「計算式」を自らがつくりだす
- ◆新たな別データを加えると、それにフィットするよう、コンピュータは計算式を更新する
- ◆「自己資本比率が高いほどよい」「企業規模、業態、業歴に関する知見」といった経験的な事実を、明示的にコンピュータに教えなくとも、コンピュータはそれらの傾向をデータから「学習」し、計算式に反映していく

- ◆ 銀行界は、この20年、営々と機械学習による信用リスクモデルの開発とその性能検証を行っている
- ◆ 日本リスク・データ・バンクにおいては20年前、上表のとおり、説明能力、監査性、発展性を考慮し、『ロジスティック回帰モデル』を人工知能（機械学習）の方法として採用した
- ◆ その後、他のモデルビルダーにおいてもロジスティック回帰モデルを採用することが一般的となった

日本のほぼすべての銀行・地域金融機関は、人工知能を審査業務に日々活用し、業務を推進している

ロジスティック回帰モデルとは

過去データにおける「デフォルト先」と「非デフォルト先」の“比率”を説明するスコアをつくるにあたり、直線関係（線形）ではなく、「ロジスティック関数」（下図グラフ内の点曲線）を想定し、最適な(1)説明変数と、(2)重みづけの組合せを、『機械学習』して推定するモデル

スコア（β）は、非デフォルト先とデフォルト先の比率（オッズ）の対数（対数オッズ）を表している　（y：非デフォルトの割合）

$$y = \frac{e^{\beta}}{1+e^{\beta}} \Rightarrow e^{\beta} = \frac{y}{1-y} \Rightarrow \beta = log\left(\frac{y}{1-y}\right) \Rightarrow \beta = log\left(\frac{N}{D}\right)$$

（式を変形）（対数化）

D：デフォルト先
N：非デフォルト先

（k個の説明変数）を使って対数オッズを計算する「信用財務格付モデル」は下式のように表せる

$$log\left(\frac{N}{D}\right) = \beta = b_0 + b_1x_1 + b_2x_2 + \cdots + b_kx_k$$

（x_k：説明変数　b_k：重みづけ）

対数オッズ（デフォルトが少ないと大きい値、デフォルトが多いと小さい値をとる）と同じ動きになるような、説明変数と重みづけを、過去のデフォルト実績のデータをもとに、『機械学習』にて推定する

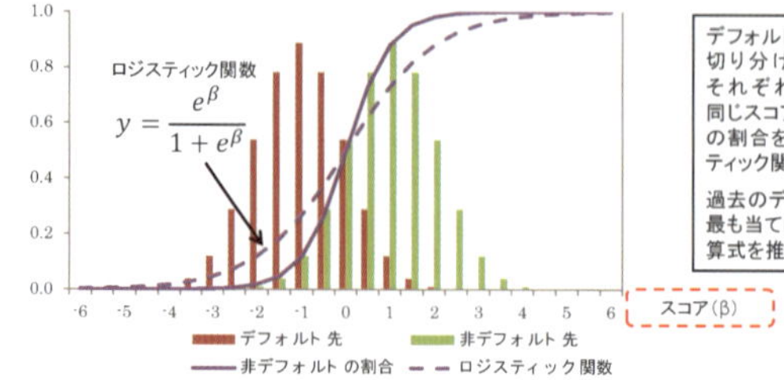

デフォルト先と非デフォルト先をうまく切り分けるスコア（β）をつくって、それぞれの分布を横に並べると、同じスコアにおける（非）デフォルト先の割合を計算できる。これは「ロジスティック関数」で回帰可能

過去のデフォルト実績のデータを基に、最も当てはまりの良いスコア（β）の計算式を推定する

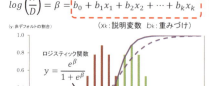

また、式構造がシンプルのため、監査性、発展性に大変優れています。

日本リスク・データ・バンクでは、さまざまな他の機械学習の方法と対比して、この「ロジスティック回帰モデル」のデフォルト判別能力の性能検証を毎年行っています。

「他の複雑な機械学習手法＝監査性に難あり」を凌駕するよう、モデルの構造形態やパラメータ設定、新たな分析データの補完などにて継続的に努力しています。

対比する機械学習の方法としては、たとえば、**サポート・ベクター・マシン**があります。マージン最大化と、カーネル法による高次元写像の２つの手法を用いて、線形分離を行うものです。

マージン最大化とは、それぞれのグループのうち、もう１つのグループに最も近いレコードのユークリッド距離を最大にするような線形分離を行うものです。

現実のデータでは、どのような線形分割を行っても完全分離は不可能という状況がほとんどですから、データ件数のうちの一部は、分離境界の“反対側”にあることを許容する「ソフトマージン」という手法をとります。分離境界の“反対側”にある場合の「ペナルティ」にどの程度の「重み」をもたせるかにより、結果が異なってきます。

二次元平面図での線形分割から、「写像」となる新たな軸を設定し、さらなる超高次元の線形分離に拡張していきます。

サポート・ベクター・マシンは、2000年代前半のデータマイニングブーム時に脚光を浴びた手法です。「限られたデータサイズで高い汎化性能を示す」部分に長所があり、目下のビッグデータ時代では、計算負荷が逆にネックになっている部分があります。

ランダム・フォレストは、構築用データセットからランダムサンプリングしてつくったk個のデータに、「決定木モデル」を適用して得られた「k個の決定木モデルによる多数決」により判別する手法です。

決定木モデルとは、目的変数がカテゴリー変数の場合（非デフォルト／デフォルト判別）、「均質性が最も高い」説明変数で分岐させることを繰り返して「樹形構造」をつくり、目的変数を説明する手法です。分割する「均質性」の指標として、情報エントロピーやジニ係数が使用されます。実データの検証では、構築データにオーバーフィットする課題が確認されました。

審査業務・与信ビジネスにおいて、人工知能を活用する場合、「監査性」はとても重要です。いくらデフォルト判別能力が優れていても、“なぜその結論に至ったのか”の『判別論理の透明性』が担保できなければ採用することはできません。“AI属人性の問題”です。

AIという人造人間を信じて経営をする、ということになり到底採用ができないのです。またお客様のためにもなりません。

お客様の経営をより良い方向に誘うための具体的なアドバイスが“属人かつ複雑”すぎて実行できないからです。20年、信用リスクモデルを開発してきましたが、「説明能力」「監査性」における高い評価から、「ロジスティック回帰モデル」は主役の座を不動のものとしています。以上のとおり、すでに日本の銀行・地域金融機関は、人工知能を積極活用し、銀行経営に実装しているのです。

それでは現在、一般的にいわれている“人工知能”とは何なのでしょうか。それは、**図表３－１**の【信用財務格付モデルの主な手法】の最下段にあります。

多層ニューラル・ネットワーク＝ディープラーニング

という手法です。次に、人工知能の代名詞となるまで広く知れ渡るようになった**ディープラーニング**に関して考察を進めます。

第4章

驚きの「ディープラーニング」の実力と「財務格付モデル」への適用

1 ディープラーニングの驚きの発展

ディープラーニングとは、「多層ニューラル・ネットワーク」と呼ばれることからおわかりのとおり、「ニューラル・ネットワーク」という機械学習の手法を発展させたものです。

以前からさまざまな業務に実用されている**ニューラル・ネットワーク**とは、説明変数と目的変数の関係を、人間の脳を模したネットワーク構造によって表現する数学モデルです。

各変数がニューロン（神経細胞）を、変数間の関数がニューロン間の“信号”のアナロジーとなっています。

説明変数と目的変数との間に「隠れ層」を設定し、説明変数と目的変数のデータから、ニューロン間の信号の「重み」を推計します。

重みの数は、隠れ層が1層の場合でも、「説明変数×隠れ層の数＋隠れ層の数×目的変数のカテゴリー数」となるため、説明変数と隠れ層が多い場合には推計する重みの数が**図表4－1**のように膨大になります（4×5＋5×1＝25）。

【図表４－１】

ニューラル・ネットワークのイメージ

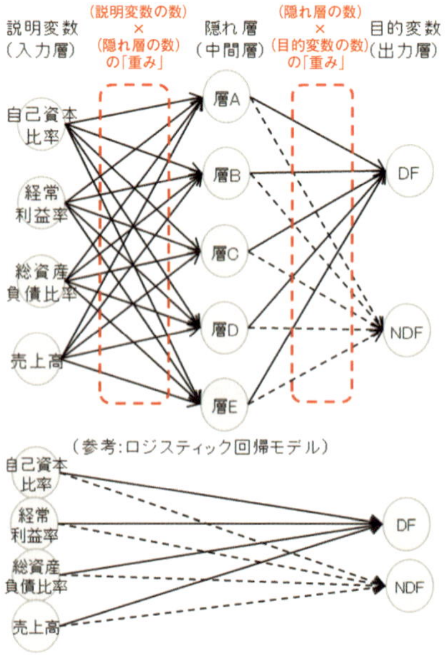

日本リスク・データ・バンクでは、この人工知能の手法を20年前から、「ロジスティック回帰モデル」のベンチマーク評価モデルとして活用しています。

「ロジスティック回帰モデル」は、ニューラル・ネットワークほどの説明能力は発揮しませんが、その差異は小さく、監査性の優位性を総合評価し、不動の信用評価のAI手法となっています。

ニューラル・ネットワークの問題は、決してブラックボックスではないのですが、あまりに複雑な計算式群となり、出力された結果が「なぜそうなのか」と問われても簡単に答えようのない、まさに“属人的なAI”なのです。

ここにおいて与信可否の実務展開、説明責任を含め、不向きであると判断しました。

それでは、なぜ、いまあらためて、「ニューラル・ネットワーク」の手法に基づく人工知能が脚光を浴びるようになったのでしょうか。

それは、ディープラーニング（深層学習）という画期的な手法に発展したことによります。ディープラーニングとは、ニューラル・ネットワークの隠れ層を多層にした機械学習手法の総称です（**図表４－２**）。

多層にすると、人智を超える膨大な計算処理が必要となります。

それが、近年のコンピュータ処理能力の革新的発展、分散処理を活用した「ミニバッチ学習」「オンライン学習」「確率的勾配降下法」等の技術開発により、大量データを小分けにして重みづけを推計し、少しずつ正解に近づくアプローチが可能となりました。

そして何よりも、その膨大な演算を“ぶつけられるビッグデータ＝デジタライゼーションの産物”が利用可能となったことにより、ディープラーニングは驚きの発展を遂げました。

【図表４－２】

「ニューラル・ネットワーク」から『ディープラーニング（深層学習）』へ

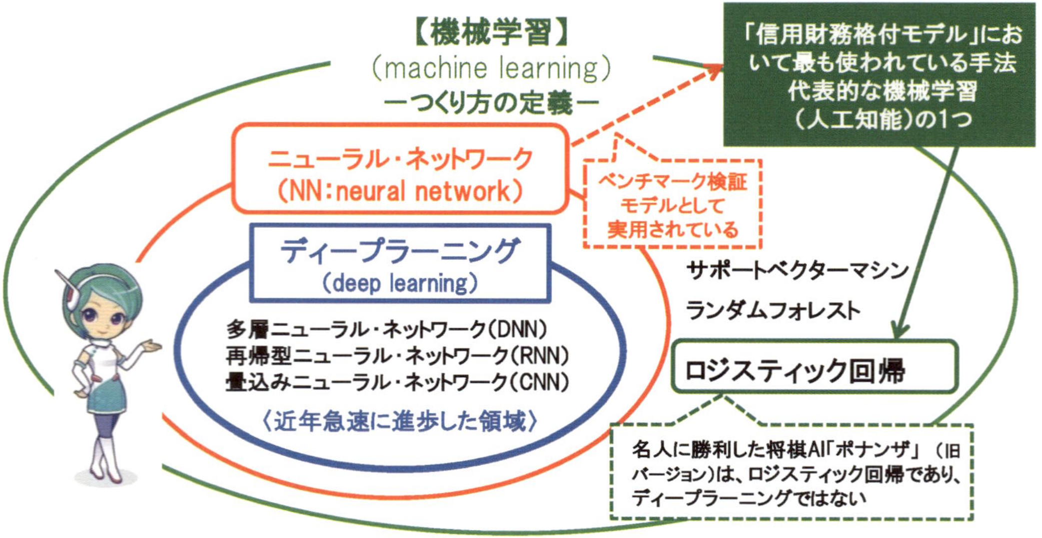

2 代表的なディープラーニングの手法とその実力

代表的なディープラーニングの手法として、以下があります。

多層ニューラル・ネットワーク（DNN：deep neural network）とは、文字どおり、**隠れ層を多層**に増やしたものです。

再帰型ニューラル・ネットワーク（RNN：recurrent neural network）とは、**音声認識や言語処理で応用**が進んでいる手法です。言語の並びを入力データとし、次に出現する単語を予測します。t期の説明変数により構成される隠れ層が、（t+1）期では入力層になります。すなわち、（t+1）期では、「説明変数＋t期の隠れ層」により隠れ層が構成されます。隠れ層が時系列ごとに更新されていく様子から「再帰型」と呼ばれています。

畳込みニューラル・ネットワーク（CNN：convolutional neural network）とは、主として**画像認識に用いられる手法**であり、実用化されているディープラーニングのなかで最もポピュラーな手法です。

読み込んだ画像の特徴的な部分をとらえた「畳込み層」と畳込み層の安定化を行う「プーリング層」を挟み、これらの特徴量を自動計算することにより高い画像認識能力をもつようになりました。

そして、これらのディープラーニングのパフォーマンスが、とにかくすごかった！　驚きの実力を示したのです。

2011年、IBMの「Watson」が、米人気クイズ番組「Jeopardy!」で、チャンピオンに勝利。

2012年、Googleの研究者らが、YouTubeから抽出した約1,000万枚の画像から、コンピュータ自らが「猫」の概念を獲得したと発表。ここからAI開発は加速しました。

2016年、Googleの囲碁のAI「AlphaGo」が世界トップ棋士（韓国の李《イ》世《セ》乭《ドル》九段）に圧勝。2017年、人類最強といわれた中国の柯《か》潔《けつ》九段にも三番勝負三連勝。2017年10月発表の「AlphaGo Zero」は、もはや過去の棋譜も必要としません。与えられるのは囲碁ルールだけで、なんと、“自己対局”のみで習熟するのです。40日間の自己対局で、あの「AlphaGo」を凌駕しました。そのわずか２カ月後に発表された「AlphaZero」は、さらに、ずば抜けた能力を見せつけました。囲碁のみならず、将棋も、チェスもできるようになり、世界最強到達の“自己対局”も、わずか24時間で達成したのです。

Googleは、この技術を「AI広告（マッチング・アルゴリズム）事業」のいっそうの発展に応用することにとどまらず、「会話ロボット（AIスピーカー）事業」、そして「自動AI運転事業」の開発に邁進しています。

INGグループが協力し、オランダのマウリッツハイス美術館とレンブラントハイス美術館のチームが、デルフト工科大学、マイクロソフトと協力して制作したのが“レンブラントの新作”です。

レンブラントは350年前に亡くなっています。人工知能が新作を描き上げたのです。346あるレンブラントの絵画すべてを３Dスキャナーを使ってデジタルスキャンし、そのタッチや色使い、レイアウトの特徴などをディープラーニングのうえ、新たに“新作”を500時間で描き上げました。もちろん、「３D立体」です。

コンピュータゲームは、もはや“人工生命”の段階です。広大なオープンワールド360度全方位の仮想空間にて、自律型AIキャラクター（キャラクター別の視力・聴力・体力・判断力）が“敵を倒して、味方を守って”というミッションを与えれば、適時適切に行動するのです。キャラ配置の関係からの行動生起、品質チェック（最強キャラクター生成分析）にてAI活用が進んでいます（**図表４－３**）。

驚くべきことは、これら驚異の発展が、Googleが、“猫の概念を獲得”してから、わずか５年の出来事であることです。これからのAIがもたらす５年を想像するに、私たちはまさに社会的特異点に生きていると確信します。

【図表４－３】

ディープラーニングの“驚くべき実力”

“問題特化型AI”はすでに人間を広範囲に凌駕し始めている

人工知能をめぐる近年のニュース

2011年 IBMの「Watson」が、米人気クイズ番組「Jeopardy!」で、チャンピオンに勝利

2012年 Googleの研究者らが、YouTubuから抽出した約1,000万枚の画像から、コンピュータ自らが「猫」の概念を獲得したと発表⇒ここからAI開発は加速した

2016年 Googleの囲碁AI「AlphaGo」が世界トップ棋士（韓国イ・セドル九段）に圧勝

2017年 人類最強と言われた中国カケツ九段にも勝利（三番勝負三連勝）

2017年10月発表の「AlphaGo Zero」は、もはや過去の棋譜も必要としない。
「AlphaGo Zero」に与えられるのは囲碁ルールだけ。自己対局のみで習熟する。
40日間の自己対局にて、あの「AlphaGo」を凌駕した。
2017年12月に発表された「AlphaZero」はさらにずば抜けた能力を見せつけた。
囲碁のみならず将棋もチェスもできるようになり、世界最強到達の自己対局も、わずか24時間で達成した。

■ 「The Next Rembrandt」プロジェクト
INGグループが協力し、オランダのマウリッツハイス美術館とレンブラントハイス美術館のチームが、デルフト工科大学、マイクロソフトと協力して“レンブラントの新作”を制作した。346あるレンブラントの絵画すべてを3Dスキャナーを使ってデジタルスキャンし、そのタッチや色使い、レイアウトの特徴などをディープラーニングの上、“新たな新作”を500時間で描き上げた（3D立体）

■ 「Gameは、もはや“人工生命”の段階）
広大なオープンワールド360度全方位の仮想空間。自律型AIキャラクター（キャラ別の視力・聴力・体力・判断力）

自動AI運転
ルート探索／車間維持／車線復帰
居眠防止／準自動／完全自動

会話ロボット（AIスピーカー）
Amazon Echo／Apple HomePod
Google Home／携帯電話自動応答

AIドクター（AI診断）
脳動脈瘤画像判定／Precision Medicine

アルゴリズムAI取引（フラッシュクラッシュ）

ロボットAI運用（予測）

AI通販リコメンド 無人リテール店舗

（人が指図せず機械的に運用される資金は、世界で約2,000兆円といわれている。その約4分の1がETF）

3 ディープラーニングの信用財務格付モデルへの展開

そこでです。この“驚きのディープラーニング”を「信用財務格付モデル」に展開しない手はありません。利用イメージは**図表４－４**のとおりです。

日本リスク・データ・バンクの「ロジスティック回帰モデル（SR３全業種モデル、指標値モデル）」に対し、多層ニューラル・ネットワーク（DNN)、再帰型ニューラル・ネットワーク（RNN）との比較検証分析を行いました。結果は**図表４－５**のとおりです。

“ディープラーニング”のデフォルト判別能力（AR値）はたしかに優良です。「ロジスティック回帰モデル」を凌駕しています。

しかし、その判別力の差異は、“少しだけ”ということも合わせて確認しました。実務運用において大きな性能差異はないと判断できます。

さらにロジスティック回帰分析には、係数や寄与度により、個別の説明変数が「どの程度」効いているかが簡単に把握でき、かつ有意でない説明変数の除外などによるチューンナップも簡単という“論理的改良性”に比較優位があります。

ディープラーニング手法の「説明力の改善度合い」と「監査性（AI属人性）問題」を総合評価し、“信用財務格付モデルにおけるディープラーニング手法の採用は現状ない”と結論づけました。

【図表４－４】

“ディープラーニング”の「信用財務格付モデル」への適用イメージ

多層ニューラルネットワーク（DNN）

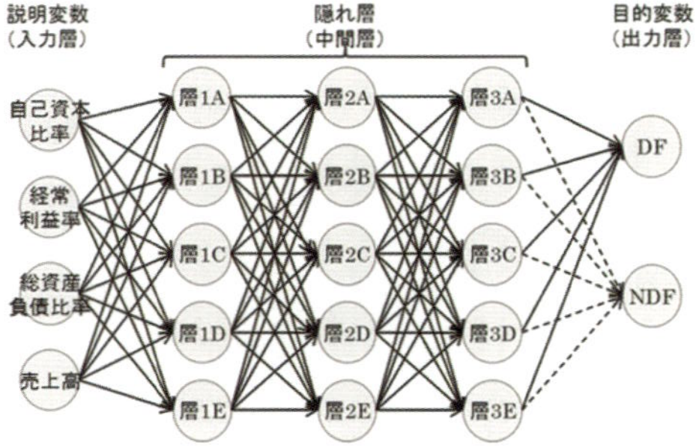

系列データに威力を発揮するRNN

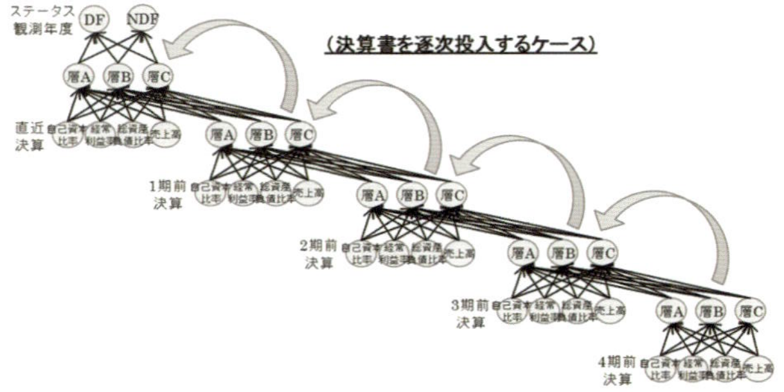

CNNのイメージ（隠れ層5層、画像処理の例）

※図中の立体形の高さと奥行きは、画像の縦、横（単位・ピクセル）を、
横幅は「画像の枚数」を意味する

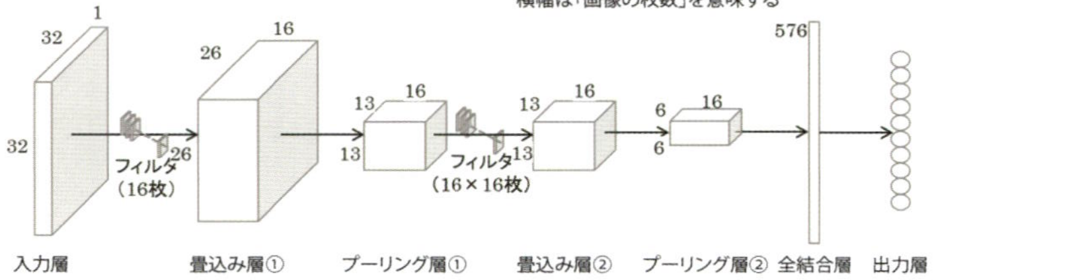

出所）人工知能学会監修（2015）『深層学習 Deep Learning』p.156を一部改変

【図表４－５】

“ディープラーニング”によるデフォルト判別モデルの性能

- 日本リスク・データ・バンクではこれまで、ロジスティック回帰分析によってスコアリングモデルを構築しており、高いデフォルト判別能力、PD推計精度を実現してきた
- S＆Pとの共同生成モデルである「中小企業クレジット・モデル」(SR3)開発時に、当時の機械学習の代表的手法(サポートベクターマシン)とパフォーマンス比較を実施し、そのうえでロジスティック回帰モデルを採用した。
- 10年以上が経過した現在では、機械学習のパフォーマンスについて以下の3つの前提に変化が生じており、あらためて既存のモデル構築手法の優位性について検討を行った

  ✓ データ件数(例：2003年当時は数万件だった財務データが、いまでは570万件を超える規模に)
  ✓ 人工知能・機械学習のロジックの急速な発展と多様化
  ✓ ハードウェア性能の飛躍的な進化

- ディープラーニングの手法を用いることで判別力は「少し」あがるが、ロジスティック回帰分析には、係数や寄与度により、個別の説明変数が「どの程度」効いているか簡単に把握でき、かつ有意でない説明変数の除外などによるチューンアップが簡単というメリットがある

＜AR等の比較＞

	SR3全業種モデル		指標値		RDB財務項目5期		指標値(1期×5)	
	構築用	検証用	構築用	検証用	構築用	検証用	構築用	検証用
SR3全業種モデル	0.67466	0.73382						
ロジスティック回帰（ステップワイズ法）			0.69144	0.74757				
ディープニューラル・ネットワーク（隠れ層3層）					0.70546	0.74799	0.72602	0.76943
ディープニューラル・ネットワーク（隠れ層2層）					0.70272	0.74597	0.72697	0.76880
ニューラル・ネットワーク（隠れ層1層）					0.70138	0.74209	0.72580	0.76930
リカレントニューラルネットワーク					0.72254	0.76034	0.72908	0.76670
サンプル数	448,515	84,004	448,515	84,004	448,515	84,004	448,515	84,004
説明変数数	20		93		78×5		54×5	

AR(accuracy ratio)は、スコアリングモデルの序列性能(悪い先をより悪く、良い先をより良く評価する能力)を評価する統計量。完璧なモデルと判別能力のないモデルとの間で、どの程度の序列性能を持っているかを、0～1の間の数値で表現した指標である。

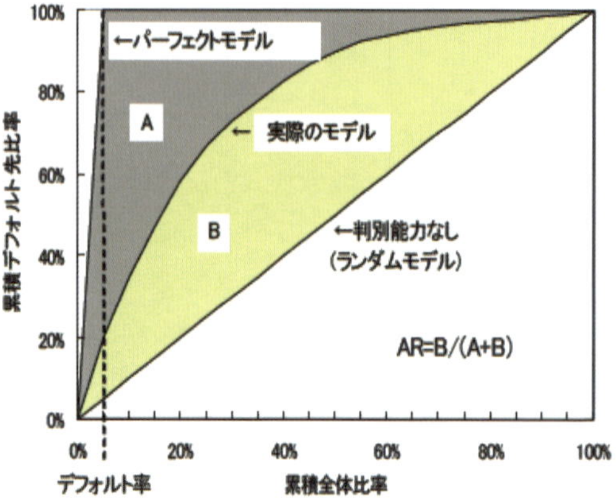

第5章

新たなデータソース＝『口座取引明細履歴情報』
―最大最強最良の“電脳経済の写し絵”―

1 データソース革命

以上のとおり、発展目覚ましいAI手法の“ディープラーニング”を「信用財務格付モデル」へ適用しても、その改善はAR値で数％程度にとどまるもので、複雑化した“AI属人性”をかんがみれば、この人工知能の採用存否が銀行・地域金融機関の競争力の差異の源泉とはならないことを確認しました。

このことは、すでに一定の判別能力を達成している財務情報という“構造化データ”に対しては、手法だけをより高度な機械学習に置き換えても、追加的に得られる成果は限定的ということです。

「機械学習革命」の本質は、膨大な量がありながら、従来の技術では分析しきれなかった「非構造化データ」を新たな分析対象に加えられるというデータソース革命にあります。

「新たなデータソース」にアクセスし、学習させることにより、初めて新たな高い成果が期待できるのです。会計規則に準拠し、従来から活用している「財務情報」という構造化データにいくら最高の技術を適用しても成果はあがらないということです。

それでは、いかなるデータが、銀行・地域金融機関にとっての**新たなデータソース**となるのでしょうか？　それは、

“いままで活用していない、活用できていないデータソース”であり、
“あまりにも多種大量で秩序がないデータソース”であり、
“競争優位の源泉となるデータソース”であり、

“排他独占利用できかつ無償のデータソース”である

ことが理想です。発展目覚ましい“ディープラーニング”にしても、ツールでしかありません。マイニングする“油田”の存在が最も重要なのです（**図表５－１**）。

いかなる広大肥沃な“新たなデータソース”の油田を用意するか

大丈夫です。探さなくとも、買わなくとも存在しています。

それは、**口座取引明細履歴情報**です。

なぜならそれこそが、“デジタライゼーション＝電脳経済”の写し絵だからです。

【図表５－１】

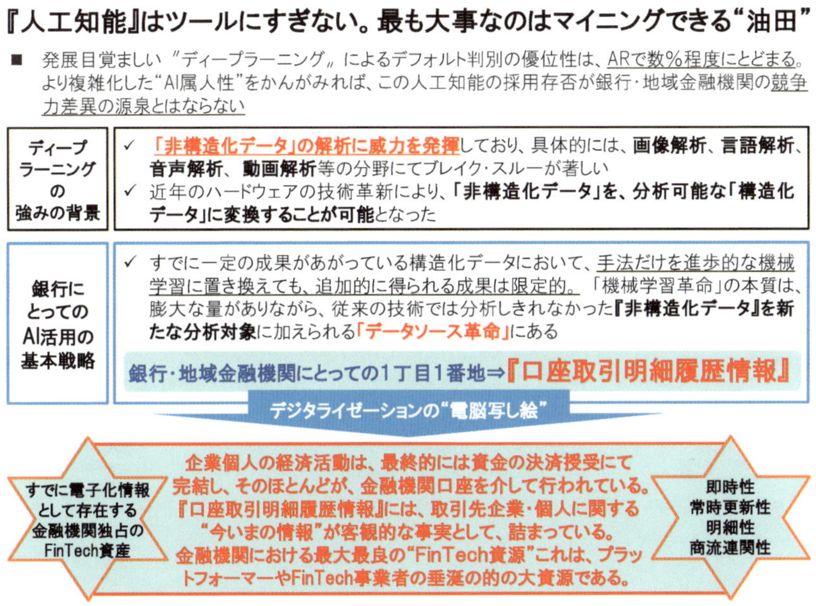

『人工知能』はツールにすぎない。最も大事なのはマイニングできる“油田”
■ 発展目覚ましい〝ディープラーニング〟によるデフォルト判別の優位性は、ARで数%程度にとどまる。より複雑化した“AI属人性”をかんがみれば、この人工知能の採用存否が銀行・地域金融機関の競争力差異の源泉とはならない
ディープラーニングの強みの背景
✓「非構造化データ」の解析に威力を発揮しており、具体的には、画像解析、言語解析、音声解析、動画解析等の分野にてブレイク・スルーが著しい
✓ 近年のハードウェアの技術革新により、「非構造化データ」を、分析可能な「構造化データ」に変換することが可能となった
銀行にとってのAI活用の基本戦略
✓ すでに一定の成果があがっている構造化データにおいて、手法だけを進歩的な機械学習に置き換えても、追加的に得られる成果は限定的。「機械学習革命」の本質は、膨大な量がありながら、従来の技術では分析しきれなかった『非構造化データ』を新たな分析対象に加えられる「データソース革命」にある
銀行・地域金融機関にとっての1丁目1番地⇒『口座取引明細履歴情報』
デジタライゼーションの“電脳写し絵”
すでに電子化情報として存在する金融機関独占のFinTech資産
企業個人の経済活動は、最終的には資金の決済授受にて完結し、そのほとんどが、金融機関口座を介して行われている。『口座取引明細履歴情報』には、取引先企業・個人に関する“今いまの情報”が客観的な事実として、詰まっている。金融機関における最大最良の“FinTech資源”これは、プラットフォーマーやFinTech事業者の垂涎の的の大資源である。
即時性
常時更新性
明細性
商流連関性

② 最大最強最良のFinTech資源『口座取引明細履歴情報』

法人、個人のすべてが、「常時電子連結」「多次元相互」「即時共鳴」にて電脳上で経済取引を完遂するデジタライゼーションの世界において、銀行・地域金融機関の**口座取引明細履歴情報**はまさに、それらを漏れなく全件にて記録する、それも即時性、常時更新性、明細性、商流連関性の特性を兼ね備え、かつ独占的著作権を、それも無償で行使できる最大最強最良の新たなデータソースなのです（**図表５－２**）。

革命的に進展しているデジタライゼーションの現代社会において、残念ながら銀行・地域金融機関は、株式保有や兼業規制の法令等から、GAFAのような“プラットフォーマー”にはなることはできません。

【図表５－２】

「新たなデータソース」＝『口座取引明細履歴情報』
－最大最強最良の“電脳社会の写し絵”－

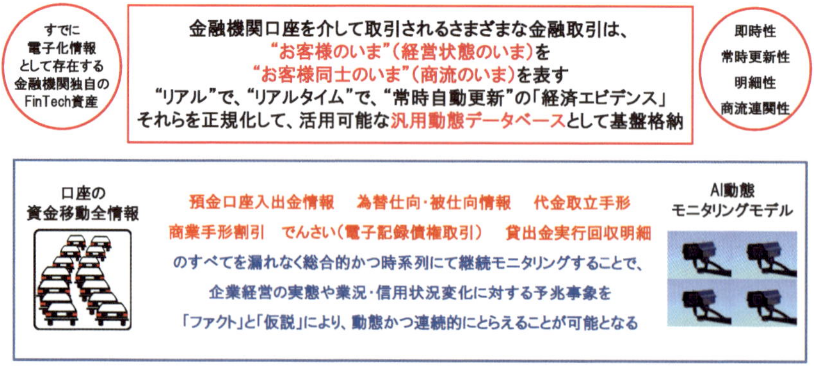
すでに
電子化情報
として存在する
金融機関独自の
FinTech資産
金融機関口座を介して取引されるさまざまな金融取引は、
“お客様のいま”（経営状態のいま）を
“お客様同士のいま”（商流のいま）を表す
“リアル”で、“リアルタイム”で、“常時自動更新”の「経済エビデンス」
それらを正規化して、活用可能な汎用動態データベースとして基盤格納
即時性
常時更新性
明細性
商流連関性
口座の
資金移動全情報
預金口座入出金情報　為替仕向・被仕向情報　代金取立手形
商業手形割引　でんさい（電子記録債権取引）　貸出金実行回収明細
のすべてを漏れなく総合的かつ時系列にて継続モニタリングすることで、
企業経営の実態や業況・信用状況変化に対する予兆事象を
「ファクト」と「仮説」により、動態かつ連続的にとらえることが可能となる
AI動態
モニタリングモデル

しかし、彼らもいまのところ本格的には銀行業に参入できません。したがって、ますます電子化する現代社会において、銀行・地域金融機関は“決済という電子情報”を独占的に保持する業態と位置づけられます。

幾何級数的な発展を遂げる電脳経済情報を“自動的に電子化”し“常時更新し蓄積”するITインフラをすでに保有しているのです。

GAFAや異業種にとって垂涎の的である口座取引明細履歴情報を銀行界は保有しているのです。

それも、他行他社には利用権限のない“無償の独占的電子資産”なのです。

企業や個人の経済活動は、最終的には資金の決済授受で完結し、そのほとんどが、金融機関口座を介して行われています。

金融機関の**口座取引明細履歴情報**には、取引先企業や個人に関する“今いまの情報”が客観的な事実として詰まっています。金融機関における最大最強最良の“FinTech資源”です。

実体経済の記録情報である金融機関の決済口座情報に対し、一貫性のある数理処理を適用のうえ、商流連関構造を保持したデータとして全格納し、それを人工知能に読み込ませ、学習させるのです。国民経済の活動量・商流網を常時認識できる新機軸の金融経済モニタリングをAIによって実行するのです。

この**口座取引明細履歴情報**は、人智を超える巨大なデータ量のうえ、財務決算データのようなデータ組成に関する客観的規則が存在しない、さまざまな企業および人間活動の写し絵である**非構造データ**です。この超巨大で、**即時性**、**常時更新性**、**明細性**、**商流連関性**という圧倒的な性能を保持する従来分析不可能であった情報を、新たなデータソースとして、人工知能に学習させて、業務に活用していくのです。

ますます発展する“フィナンシャル・デジタライゼーション”の世界において、銀行・地域金融機関の最大最強最良の“電子資産”が、『口座取引明細履歴情報』なのです。

もちろん、ほかにもデジタライゼーションを有効に反映するさまざまな「新しいデータソース」があります。購買電子データ、オーディエンス・データ、Webログ・データ、SNSデータなど。

それらの「新たな非構造のデータソース」を貪欲に取り込み“構造化”して、新たな人工知能を猛烈果敢に組成しましょう。そして、それらの人工知能を組み込み、デジタル・プロセス・リエンジニアリングを不断に発展実行していくのです。

その際、発展目覚ましい“ディープラーニング”を単純適用するのではなく、人工知能の手法の適材適所を実行するのも重要です。人工知能はツールにすぎません。デジタル・プロセス・リエンジニアリングのなかで、効果的な“電脳歯車“として機能させることが重要なのです（**図表５－３**）。

デジタライゼーションの「新しいデータソース」のなかで、**口座取引明細履歴情報**は太陽のごとく輝きます。

無コスト、独占、許可が不要で人工知能を精錬精製できる“肥沃な大油田”、それも常時更新され涸れることのない大油田。これを利用しない手はありません。

そこから最大限の経済価値を創出し、それを土台にして、また異なる新たなデータソースを“加味”します。銀行・地域金融機関だけがもつ電子資産を土台とする限り、来たる本格的なフィナンシャル・デジタライゼーションの世界においても、お客様がワクワクし、感謝される付加価値を提供できるはずです。当然ながら、業態としての社会的な存在意義も競争優位も維持できるはずです。

【図表５－３】

「新たなデータソース」＝“油田”の確保とAIマイニング

デジタライゼーションをビビッドに反映する『新たなデータソース』を猛烈果敢に収集し、
人工知能に学習させて、デジタル・プロセス・リエンジニアリングを不断に実行していく
その際、発展目覚ましい“ディープラーニング”を単純適用するのではなく、
人工知能の適材適所を実行する
人工知能はツールにすぎない
効果効率的な“電脳歯車“として機能させることが重要

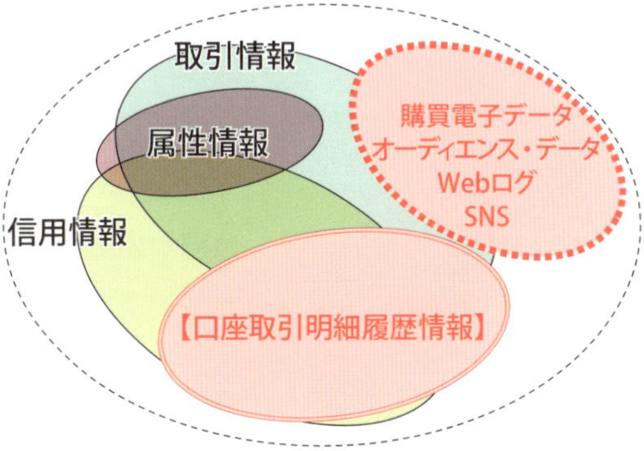

ディシジョンツリー（決定木）
木が枝分かれするように逐次的にデータを分割し、目的とする特性をもつグループを抽出します。

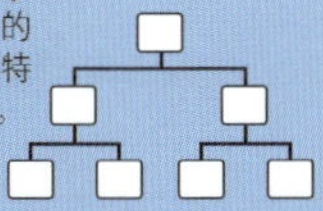

情報エントロピー
ある説明変数によって目的とする特性をもつ集団とそうでない集団に分割する際に、最適な分割値を示してくれる指標。ディシジョンツリーの作成にも活用されます。

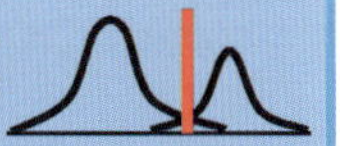

ロジスティック回帰
複数の説明変数間で目的とする特性に対する寄与度を算出します。また、ディシジョンツリーの結果の重みづけや、複数のモデルスコアを合成することにも利用できます。

$$\frac{1}{1+e^{\beta_0+\beta_1 x_1+\beta_2 x_2+\cdots}}$$

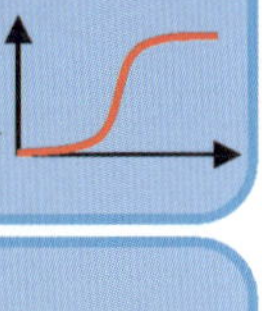

機械学習
データから反復的に学習し、そこに潜むパターンを見つけ出します。そして学習した結果を新たなデータにあてはめることで、パターンに従って将来を予測することができます。

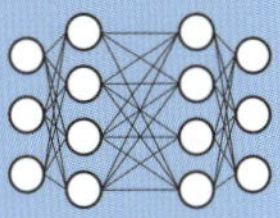

主成分分析
既存のデータ項目を利用して、データを特徴づけるために最適な評価軸を再構成します。

クラスター分析
さまざまな評価項目において似たような特徴をもつデータ同士をグルーピングします。グループごとの特徴に合わせて評価方法や対応方法を最適化できます。

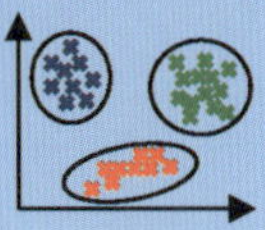

しかし、時間的余裕はさほどありません。なぜなら、クラウド会計の台頭、オープンAPIにより、すでに技術的には銀行・地域金融機関でなくとも口座取引明細履歴情報は入手できるからです。

IoT、オープンAPI、５G時代を考えますと、５年後にはその独占的な電子資産も相当程度のオープン化が進んでいることでしょう。

このことは、もはや口座がなくとも、あたかもメインバンクのように決済情報が利用可能となることを意味し、異業種からの浸食のみならず、他行他機関、それも地元にいっさいの物理店舗のない同業者からの競争浸食が起こることを意味します。それが“フィナンシャル・デジタライゼーション”の世界なのです。

銀行・地域金融機関の経営統合は、規模や地域の軸だけではなく、『口座取引明細履歴情報』から紡ぎ出された“AIビルトインのデジタル・ビジネスモデル”の観点も加味され進んでいくと考えています。

第6章

最大最強最良の
『口座取引明細履歴情報』からのAI精錬

1 AIの精錬精製によって生み出される動態活写

口座取引明細履歴情報という新しいデータソースから、どのような人工知能を精錬し、銀行メカニズムに駆動させていくのでしょうか。前述したとおり、デジタライゼーションの進展に伴うプラットフォーマーによる金融業務への浸食や彼らの顧客訴求力を俯瞰すると、これからの銀行・地域金融機関のコアカスタマーは“法人”となります。個人顧客は、プラットフォーム・ビジネスの潮流やメガブランドに集約されていきます。以上の視点から、フィナンシャル・デジタライゼーションの進展により、経営の根幹となる**法人信用リスクビジネス**への展開において、AIの精錬とその駆動に関して考察を深めていきます。

まず想起される、**口座取引明細履歴情報**から紡ぎ出される有能なAIは、現行の**財務格付モデルの補完機能**です。

財務決算書は企業から提出される“エビデンス”であり、「信用格付制度」は今後も「決算書評価」が基盤となります。

しかし、その評価において、決算書情報に過度に重きを置いたデータソース環境では、以下の解決しなければならない構造問題が生じています。

第一に、年に１度の決算情報による信用格付制度では、離散的定点観測となり、日々動きのあるお客様の状況を連続的に信用評価することが困難です。結果として、資金ニーズ発生時に改めて状況調査が必要となりますが、的確な調査ポイントがわからない事態となります。

第二に、決算締め後３カ月後に受け取る決算書では、業況確認において“9～21カ月”の構造的な恒常ラグが発生します。その結果、当該企業の経営状況を見誤ったり、タイムリーな信用供与ができない事態となりがちです。

第三に、決算書は顧客から受け取る“受動的”な他行他機関と“同じ情報”であり、差別化につながりません。“差別性のない情報”は、財務格付モデルの“同質化問題”も引き起こし、“群れる行動（良い取引先に同時に営業し金利ダンピング、悪い取引先から一斉撤退）”を構造的に引き起こします。また、財務決算情報のみでは、企業がつながる仕入先、売上先の信用動向や商流動態を適時的確に総合俯瞰できず、個社単体での評価となりがちです。

そのような決算情報の構造課題に対し、“現場実調”にて補完しているのが現行の銀行・地域金融機関のビジネスモデルです。

しかし、この10年で現場実調のマンパワー・リソースは大きく縮小し、そこに業務の多様化、法令対応が追い討ちをかけ、営業現場の繁忙は大変厳しい状況です。信用情報の補完収集は、実行上の限界を呈しています。

終わりのみえない超低金利は、抜本的な店舗削減を計画しなければならないまで銀行経営を追い込んでいます。大小さまざま、多数に渡る取引先に対し、信用情報の補完収集はもはや限界で対応できないことは皆さんが最も認識していることでしょう（**図表6－1**）。

今後も加速する“絶対的なマンパワー不足”に対し、コスト極小にて、毎日補完対応できるのが、『口座取引明細履歴情報』から紡ぎ出される人工知能なのです。

預金口座入出金、為替仕向・被仕向、代金取立手形、商業手形割引、電子記録債権取引、貸出金実行回収明細等、口座の出入り情報すべてを、AIにて漏れなく総合的かつ時系列で自動継続モニタリングすることで、取引先の実態や業況変化、信用状況に関する予兆事象を動態かつ連続的にとらえることが可能となります。

AIは、大企業でも、中堅企業でも、中小企業でも、個人事業主でもまったく同様同品質にてモニタリング活動します。コストがかからず、24時間365日休みなく、均品質での事業性モニタリングです。

【図表６－１】

静態モニタリングの構造課題と『AI口座動態モニタリング』の必要性

“財務決算書”は企業から提出される“エビデンス”であり、「信用格付制度」は今後も「決算書評価」が基盤となる。
しかしながら、決算情報のみを拠り所にしすぎることで、以下のような構造課題を抱えている

“群れる行動”を惹起する
（良い先への金利ダンピング）
（悪い先からの一斉撤退）

静態モニタリングの構造課題

【離散定点観測】

- ◆ 年1度の決算情報による内部格付制度では、日々動きがある顧客の状況を連続的に信用評価する方法がない
- ◆ 結果として、資金ニーズ発生時にあらためて状況調査が必要となるが、的確な調査ポイントがわからない

【恒常タイムラグの発生】

- ◆ 決算締め後3カ月後に受け取る決算書では、業況確認において〝9～21カ月〟の構造的な恒常ラグが発生する
- ◆ 結果、その時々の経営状況を見誤ったり、成長資金・運転資金をタイムリーに信用供与することができない

【差別性のない個社情報】

- ◆ 決算書は、顧客から受け取る“受動的”な、他行他機関と“同じ情報”であり差別化につながらない
- ◆ 企業がつながる仕入先、売上先の商流動態を総合俯瞰しておらず、個社独立での格付評価となっている

補完する手段
の開発が必要

全取引先漏れなく
均質性能

費用極小
マンパワー不要

AI口座動態モニタリング
（人間との協業が成功の鍵）

財務と違うデータソース
（毎日更新）

事後検証と
自律的性能強化可能

口座の
資金移動全情報

預金口座入出金　為替仕向・被仕向　代金取立手形
商業手形割引　電子記録債権取引　貸出金実行回収明細

のすべての情報をもれなく総合的にかつ時系列にて継続モニタリングすることで、
中小企業の経営実態や、業況変化・信用変化に対する予兆事象を
動態かつ連続的にとらえる

AI動態
モニタリングモデル

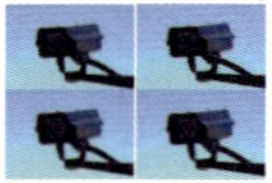

そして、そのAIが生成産出する**ファクト感知**や**仮説想定**を、現場営業や審査部門へと自動連携していくのです。マンパワーが足りなくて、とてもじゃないができなかった常時感知と仮説形成を、AIに常時担わせて、そこから紡ぎ出される情報に対し、人間がどう行動するかを有機的に組み上げていくのが、『デジタル・プロセス・リエンジニアリング』のキーポイントとなり、本書の核心主題です。

AI感知や**AI仮説**の性能は、“事後検証”できることも大変有意な特性です。データベースにて事後検証し、PDCAスパイラルを行い、AI性能の高度化を客観合理的に進めることができるのです。

日本リスク・データ・バンクは、**RDB – DynaMICプラットフォーム・サービス**にて、**口座取引明細履歴情報**といった、フィナンシャル・デジタライゼーションにて産出される新しいデータソースから多種多様な人工知能の精錬精製を行い、銀行・地域金融機関への提供を開始しています。

実体経済の記録情報、デジタライゼーションの“電脳の写し絵”である金融機関のさまざまな決済口座情報に対して、一貫性のある数理処理を適用のうえ、商流連関構造を保持したデータとしてすべて格納し、国民経済の活動量・商流網を常時認識できる新機軸の金融経済モニタリング手法を開発し、社会実装を続けています[1]。このイノベーションの要諦は、円高円安、政治対立、政策発動、経済ショック、自然災害が各経済主体に与えている経済作用を**動態活写**できることにあります。

動態活写とは、「資金連関記録×時間推移記録」により実行され、何よりも法人、個人の単体記録を計測単位とし、これらに基づき“多眼的なマクロ視点”、そこからの“自由なドリルダウンミクロ視点”によって常時不断にモニタリングするイノベーションです（図表６－２）。

1 （特許）「資金移動情報提示システム」「経済活動指標提示システム」

この**動態活写**というイノベーションは、「Nシステム」と呼ばれる日本の道路幹線網に設置されている無数の監視カメラによる走行車両のナンバープレートやスピードの自動読取・モニタリング機能と同様のもので、金融世界に革新展開するものです。

近年の犯罪捜査において、幹線道路のみならず、コンビニや個人設置の監視カメラの映像情報を解析し、犯人が検挙される事件が耳目を集めています。

RDB – DynaMIC（ダイナミック）は、AIが**口座取引明細履歴情報**から、走行車両（法人）と道路網（商流連関）を構造認知し、その走行状況や渋滞状態を“時間推移”にて、常時モニタリングするAIプラットフォームです。

走行車両（法人）の“現在”の走り具合やスピード、運転マナーを常時AIモニタリングし、故障の状況（要注意・破綻懸念）にないのかといったファクト感知と、今後、事故（破綻）となる懸念はないのかの仮説想定の結果を、AIが不断にテキスト生成します。

また、すでに走行車両（法人）に事故が発生している場合、周りを走行している別車両（商流連関先）はどの程度この事故に巻き込まれているか、さ

【図表６－２】

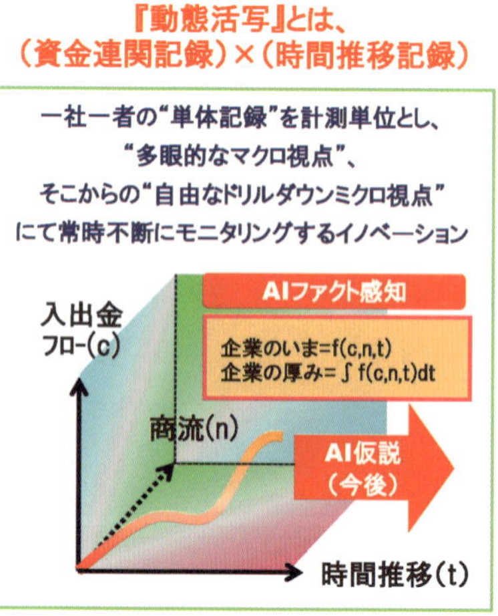

らにその幹線道路に大きな渋滞（連鎖倒産）が発生していないかをリアルタイムで常時モニタリングするイノベーションです。

これにより、自行自機関の口座取引というプラットフォーム上で生じている経済事象を“多眼的なマクロ視点”から“自由なドリルダウンミクロ視点”によりガバナンスすることが可能となります。

こうしたAIによる“全件全社に対する情報前処理（資金連関記録×時間推移記録）”から、ファクト感知と仮説を精錬生成し、その紡ぎ出されたAIテキストに対して、タイムリーかつ価値ある人間行動へと有機連携するイノベーションです。

日本リスク・データ・バンクでは、このRDB－DynaMICにて、動態活写できるさまざまな人工知能を精錬精製しており、**「HALCA《ハルカ》：Highly Advanced machine Learning for Confidence and Administration（以下、「ハルカ」と呼びます）」**と名付け、銀行経営、営業現場での駆動を開始しています。

以下、その代表的なハルカたちを紹介します（**図表6－3**）。

【図表6－3】

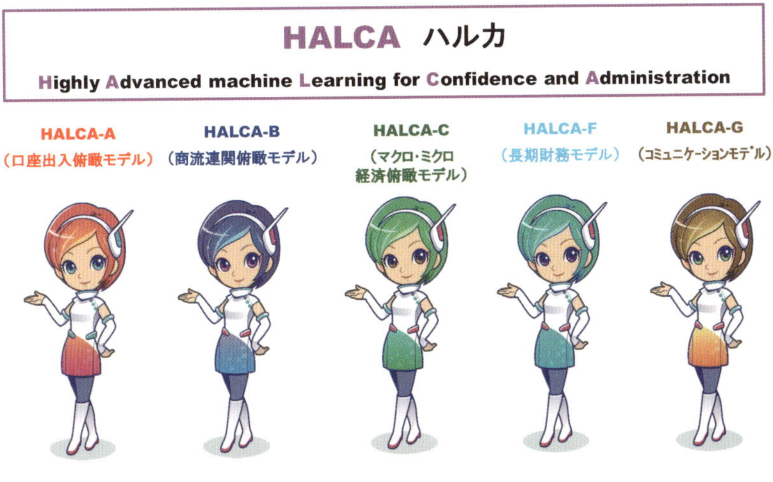

❷ HALCA-A（口座出入俯瞰モデル）

まず第一は、**HALCA-A（口座出入俯瞰モデル）**です。企業や個人の経済活動は、最終的には資金の決済授受で完結し、そのほとんどが、銀行口座を介して行われています。

『口座取引明細履歴情報』には、取引先企業や個人に関する“今いまの情報”が客観的な事実として詰まっています。

それら多種多様で膨大な「非構造データ」に対し、人工知能が動態時系列にて“科学自動モニタリング”することにより、企業や個人の“今いまの経済状態”を事実と仮説をもって不断にモニタリングすることが可能となりました。

流動性預金残高および事業性入出金の構成や現時点の波調に関して、あたかも“心電図”をとるように動態的にモニタリングします。

その脈動形態や幅、季節変動等を評価しながら、“現時点の経営状況の指標化”と“今後の可能性（仮説）”に関し、自動算出していきます。

決算端境期における経営状況の把握、過去決算と口座動向照合による業績予測と期中格付けの機動見直し、申請内容の真正性検証、フロード・リスクの排除において、**HALCA-A**は機能していきます（**図表6－4**）。

アジア開発銀行研究所所長吉野直行教授、根本直子教授との共同研究にて、この**HALCA-A**の学術検証も行いました[2]。

2　「銀行口座動態情報を活用した中小企業の信用リスク分析」、アジア開発銀行研究所所長吉野直行、根本直子、RDB（大久保豊、稲葉大明、柳澤健太郎）（日本ファイナンス学会「現代ファイナンス」No.40　2019年3月）

【図表６－４】

既に電子化情報
として存在する
金融機関独自の
FinTech資産

金融機関口座を介して取引されるさまざまな金融取引は、
“お客様のいま”（経営状態のいま）
“お客様同士のいま”（商流のいま）を表す
“リアル”で、“リアルタイム”で、“常時自動更新”の「経済エビデンス」
それらを正規化して、活用可能な汎用動態データベースとして基盤格納

即時性
常時更新性
明細性
商流連関性

◆ 企業・個人の経済活動は、最終的には資金の決済授受で完結し、そのほとんどが、金融機関口座で行われている。金融機関の口座取引明細履歴情報には、取引先企業・個人に関する“今いまの情報”が客観的な事実として、詰まっている

◆ 金融機関における最大最強最良の“FinTech資源”である

◆ 口座の出入り状況を動態時系列にて“AI自動モニタリング”することにより、企業・個人の“今いまの経済状態”を「ファクト」と「仮説」をもって不断にモニタリングしていく

HALCA-A
（口座出入俯瞰モデル）

口座動向による
動態信用リスク・プロファイリング

- 流動性預金残高、事業性入出金の現時点波調に関する情報活用
- 決算端境期における顧客経営状況の常時把握
- 過去決算と口座動向照合による業績予測と期中格付けの機動見直し
- 申請内容の真正性検証、フロード・リスクの排除

1. 業績予兆・変調の把握
2. 顧客資金ニーズに対し、常時コンピュータAIスクリーニング
3. 「短期継続融資」の新興

主な結果は**図表６－５**のとおりで、財務情報に基づくデフォルト推計モデルに対し“口座動態情報”を追加した場合（混合モデル）において、“デフォルト予測の精度が大きく高まる”ことが、企業規模の大小を問わず確認できました。

特に「小規模企業ゾーン」においては、口座動態情報のみを使用したモデルでもデフォルト推計の正確性は財務モデルと大きく変わらないことも確認できました。

また、「財務情報モデル」と「口座動態情報モデル」が推計するデフォルト率には相関性がありますが、相関係数は51％と高いものではなく、両モデルが異なる視点で企業を評価していることも確認しました。

財務情報モデルでは低スコア（要注意先）となっても、口座動態情報モデルでは良好なスコアとなった場合、金融機関は融資対象を広げる等の柔軟な対応を取ることが可能となります。

中小企業、地域経済にとって大変良いことです。また、財務モデルの同質性から生じる「群れる行動＝優良先へ群がり金利競争＋不良先からの一斉撤退」も、**HALCA-A**の活用により回避できるのです。

HALCA-Aにより、財務決算情報の構造課題である、離散定点観測、構造タイムラグ、差別性のない個社情報の特性限界を補完することができるうえに、AIですから24時間365日休みなく、また均質な事業性モニタリングを費用極小で、さらには高度化への学習機能付きで実現できるのです。

昨年、バンコクで開催された国際会合にて講演した際、財務会計の浸透やその練度が低く、中小企業金融が発展途上にあるアジア諸国において、この**HALCA-A**は高い評価を受けました。日本よりもっと早く、この人工知能は、アジアで活躍するかもしれません。

また、**HALCA-A**は口座出入情報を自動モニタリングすることにより、審査のみならず、営業においても成果をあげています。

【図表６－５】

「銀行口座動態情報を活用した中小企業の信用リスク分析」
（日本ファイナンス学会「現代ファイナンス」2019年3月号）

アジア開発銀行研究所 所長　吉野直行教授、根本直子教授
RDB　大久保豊、稲葉大明、柳澤健太郎

売上高区分（円）	AR		
	財務情報モデル	口座動態情報モデル	混合モデル
3千万未満	61.0	61.2	66.9
3千万以上1億未満	60.2	63.7	68.2
1億以上3億未満	72.6	67.1	78.4
3億以上	77.8	64.0	79.2
全体	68.3	65.7	73.9

『口座動態情報モデル』の財務情報モデルに対する補完有効性確認

『口座動態情報モデル』の単体での判別有効性確認

HALCA-A
（口座出入俯瞰モデル）

- 本分析により、財務情報に基づくデフォルト推計モデルに“銀行口座情報の指標”を追加した場合、デフォルト予測の精度が高まることが実証された。特に企業規模が小さい場合の改善幅が大きくなる傾向も確認された
- ケースによっては、銀行口座情報のみを使用したモデルでもデフォルト推計の正確性は財務モデルと大きく変わらないことも実証された
- 財務情報モデルと口座動態情報モデルの推計するデフォルト率には相関性があるが、相関係数は51％程度、非常に高いわけではなく、両モデルが異なる視点で企業を評価していることを示している。財務モデルでは低スコア（要注意先）となっても、口座動態情報モデルで良好なスコアとなった場合、金融機関は融資対象を広げるなどの柔軟な対応をとることが可能となることが示唆された
- 銀行口座情報の活用が広がれば、銀行は信用コストを抑えるとともに、審査時間やコストを削減もでき、中小企業向け融資の円滑化につながるものと考察される

口座の動き、残高の動きは“社長の気持ちのバロメーター”であり、資金繰りに不安を感じている、感じそうな時に、HALCA-Aは、真っ先に気づき、タイムリーな提案をする“触媒”となるのです。HALCA-Aは資金状況の「ファクト」と、それに基づく「将来仮説」を形成し、現場の営業に自動連携していきます。人工知能が活躍すればするほど、新たな人間行動が必要となります。そして、その必要の束が、「新たな人間価値」の創造へとつながっていきます。

第11章「DPRで実現すべきこと、それは信頼革命」において、**HALCA-A**の有効機能に関し、深堀分析をします。

“雨が降る前の備えコンサル融資”
“過小資本先への短期継続融資の新興”

HALCA-Aは、第二地方銀行や信用金庫において、とても有効に機能するものと確信しています。

それは一方で、デジタル・プロセス・リエンジニアリングを実現した規模の大きな銀行からの競争浸食の可能性が高いことも意味します。

特に、これからの10年で事業承継が進む取引先が多いことから、“新社長”は、スマホでのフィナンシャル・デジタライゼーションを好むことが予期され、IoT、商流デジタル化と相まって、一気に顧客ポートフォリオが流動化する可能性があります。

第二地方銀行、信用金庫業態は、フィナンシャル・デジタライゼーションに対するデジタル・プロセス・リエンジニアリングを急ぐ必要があります。

③ HALCA-B（商流連関俯瞰モデル）

HALCA-B（商流連関俯瞰モデル）は、口座の資金授受データから「商流ネットワーク構造」をAI認知し、その構造図を商流金額も含め自動描画するとともに、多様な商流パターン分析を実行します。

預金口座入出金情報に加え、内外の為替仕向・被仕向情報、代金取立手形情報、商業手形割引情報、でんさい情報、貸出金実行および回収明細情報、金融商品売買情報等のすべての“金流相手先”のデータを漏れなく時系列で継続モニタリングしていきます。

お客様の“商流変化（仕入れ・売先の順位変動、新規・取止め）”を自動探索しながらモニタリングし、営業および審査の現場へ自動発信していきます。

現場の営業および審査担当者は、商流連結の状況を商流量・商流先変動等の**ファクト情報**に加え、そのファクトの裏に潜む可能性を**AI仮説スクリプト**として自動提供されるのです。

それも一部の重要規模先や地域にとどまらず、取引をいただいている“すべてのお客様”に対して漏れなく、平等不断の事業性モニタリングを**HALCA-B**は実行していきます（**図表6－6**）。

現状のマンパワーでは到底不可能な事業性評価を24時間365日実行でき、人間はそのなかで意味ある“ファクト”と“仮説”を拾い、お客様へ適時にアプローチしていきます。

ここでも**人工知能が活躍すればするほど、新たな人間行動が必要**となるのです。

【図表６－６】

口座入出金の1本1本に対し“AI理論仕訳“し、資金使途(事業性／非事業性)と取引先相手をAI特定することで、動態ネットワーク図を自動生成し、対象とする企業の商流環境を、常時、視覚的かつデジタル数量として認識する

HALCA-B
（商流連関俯瞰モデル）

取引状況による
構造信用リスク・プロファイリング

- ■ 商流視点から、連鎖倒産リスクの常時モニタリング
- ■ 商流視点から、連鎖成長チャンスの常時モニタリング
- ■ 商流視点から、実同企業の資金循環モニタリング
- ■ 申請内容の真正性検証、フロード・リスクの排除

1. 財務決算情報のみでは、十分に確認できなかった申請内容の真正性チェック
2. 連鎖倒産リスクの構造把握
3. 不正取引の可能性モニタリング

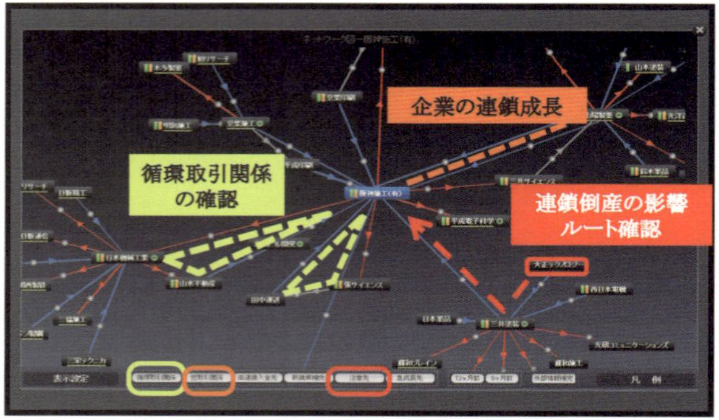

◆ **視覚的把握から量的把握への即時ドリルダウン**

◆ **商流は「一次取引先」から「二次取引先」そして次々と商流網を辿る**ことができ、企業アイコンをクリックすることにより対象企業を切り替え、連続した**商流探索**が可能。商流からの**人間による『気づき』**による分析調査を促進

マネーローンダリングに対するAI監視

- ● 柔軟多様なリスクベース・アプローチ
- ● ベネフィシャル・オーナーに対する、常時更新データによる不断の探索

また、各商流線がいかなる内外の成長企業、成長業種、成長経済圏と連結しているか、商流網に経営破綻先、経営懸念先が存在しないか、一次の仕入先や売上先、二次の仕入先や売上先の経営動向はいかなるものか等、対象企業のみならず**商流ネットワーク全体視点での事業性評価**が可能となります。

また、借入申請内容が適切で正当なものなのかの真正性検証やフロード・リスクの排除にも、**HALCA-B**は有効に機能します。

新たな取引先とのビジネス伸張、あるいは売上入金の遅延、事業拡大に伴う従業員増等の借入事由に対して、**HALCA-B**は、その真正性に関して自動確認していきます。また貸出実行後の資金使途の追尾も不断に実行していきます。

HALCA-Bは、営業や審査において実訪にて聴取すべき事象を、無コスト、タイムラグなく自動更新にて、さらには“仮説付き”で実行していくのです。

ますます要請が高まるマネーローンダリングに対する監視に関しても、HALCA-Bはきわめて有効です。

そもそもマネーローンダリングのモニタリングにおいて、人間の能力は質量ともに限界を呈します。あまりに監視する対象が膨大多岐にわたるからです。

HALCA-Bは、全件の**口座取引明細履歴情報**に対して、さまざまなリスクベース・アプローチにて休みなく活動します。

そしてAI推理から、“ベネフィシャル・オーナー”に対する探索を効果的に実行していきます。反社会的勢力がいかなるかたちにて商流経済に関与し、不当に資金を吸い寄せているかを不断かつ人智を超えた仮説群にて商流全体を俯瞰しながら監視することが可能になりました。

④ HALCA-C（マクロ・ミクロ経済俯瞰モデル）

HALCA-C（マクロ・ミクロ経済俯瞰モデル）は、顧客が属する商流商圏動向を「動態経済指標」として指標化し、取引先である法人・個人を取り巻く経営環境を常時モニタリングする人工知能です。

口座情報から紡ぎ出される**動態経済指標**という新しい経済指標の開発により、円高円安、貿易摩擦、各種経済政策、地元大手企業の閉鎖・不振・不祥事、国際的経済ショック、災害や有事等が与える日本経済・地域経済の影響を“MRI精密検査”のごとく、それも業態別から個社別までの“ピンポイント・ズームアップ機能”付きで不断にモニタリングする人工知能が、**HALCA-C**です。

短観（企業短期経済観測調査）、景気動向指数、機械受注動向、法人企業統計、各都道府県景気動向指数等のこれまでの「経済統計指標」では、その収集対象の限界性やクロス分析の不可能性から、「顧客経営」との“関連性分析”の実行ができません。

つまり、経済指標が公表されても、「お客様や地元経済にとっていかなる意味をもつものなのか」が不明であり、深堀り分析が不可能です。そのうえの情報遅行性ですから、経営活用できるものではありません。

したがって、与信の際、個社を取り巻く経営環境の判断ができず、また顧客に銀行の景気・環境判断の見立てや情報を展開できないでいます。

優秀なエコノミストを育成し、産業調査に尽力している銀行・地域金融機関もありますが、限られた陣容と実調手段から、網羅効果的な産業調査が実施しえない状況にあります。

HALCA-Cは、“電脳社会の写し絵”である『口座取引明細履歴情報』から、“縮約的かつ拡張的解釈”が可能な「動態経済観測データ」を生成のうえ、動態経済指標を算出し、不断のモニタリングを実行していく人工知能です。

現下の日本経済・地域経済において、具体的にいかなる課題を抱え、どの業種、どの規模の企業体において資金血流が弱まっているか、どの年齢層、どの職種の所得水準が厳しくなっているか等をタイムリーにモニタリングしていきます。

円高円安、貿易摩擦、地元大手企業の不振・不祥事、国際的経済ショックにより、具体的にいかなる地域・業種・企業規模・職種において大きな影響が出ているかもタイムリーに掌握します（**図表6－7**）。

また、**HALCA-C**は、「各種政策」発動による波及効果を実測し、事後検証できる態勢を実現します。総花的ではない、必要なところへ、必要な資金や政策を施すカテーテル手術のような、的確ピンポイントの財政金融政策の発案に貢献します。

経済波及効果が高く、地域経済をより頑健とする**マクロビジョンの融資戦略の立案（PDCA）**に貢献します。よりよい健全な社会を実現するため、**セーフティネットを必要とする「社会的弱者」を合理的かつタイムリーに、“さまざまな基準”で仮説推察**できる態勢を実現します。

HALCA-Cは、すべての経済取引が即時電子化されるデジタライゼーションの現代社会において、その動向を“縮約的かつ拡張的解釈が可能となる観測データ”に変換のうえ、動態経済指標の算出を、膨大多岐にわたり実行していきます。加えて、算出した膨大な動態経済指標に対し、自らが年中無休にて、さまざま視点から商流商圏動向のモニタリングを実行していきます（**図表6－8**）。

【図表６－７】

これまでの「経済統計指標」の構造限界

日本・地方創生のためのタイムリーな具体立案におけるボトルネック

短観　景気動向指数　機械受注動向　法人企業統計
各都道府県景気動向指数　など

遅行性　収集対象限界性　クロス分析不可性

課題

自行顧客との“関連分析”ができない

- 「経済指標」と「顧客経営」との関連性不明、利用可能時点での遅行性や収集限界から、経営活用できるものとして機能しえない
- 与信の際、個社を取り巻く経営環境の判断ができず、また顧客に銀行の景気・環境判断の見立てや情報を展開できない

動態経済指標　**DynaMIC-VISION**

- 現下の日本経済・地域経済においていま、具体的にいかなる課題を抱え、どの業種、どの規模の企業体において資金血流が弱まっているか、どの年齢層、どの職種の所得水準が厳しくなっているか等をタイムリーにモニタリングします
- 「円高円安」「貿易摩擦」「地元大手企業の閉鎖・不振・不祥事」「国際的経済ショック」により、具体的にいかなる地域・業種・規模・雇用職種において大きな影響が出ているかをタイムリーに掌握します
- 「各種政策」発動による波及効果を実測し、事後検証できる態勢を実現します。総花でない、必要なところへ必要な資金や政策を施す「カテーテル手術」のような、的確ピンポイントの財政金融政策の発案に貢献します
- 経済波及効果が高く、地域経済をより頑健とする「マクロビジョンの融資戦略」の立案(PDCA)に貢献します
- よりよい健全な社会を実現するため、セーフティネットを必要とする「社会的弱者」を合理的かつタイムリーに“さまざまな基準”で仮説推察できる態勢を実現します
- 災害有事の際に、復興PDCAが機能する具体的な経済指標として機能します

HALCA-C
（マクロ・ミクロ経済俯瞰モデル）

“縮約的かつ拡張的解釈”が可能な「動態経済観測データ」を生成し、不断のモニタリングを実行します

【図表６－８】

企業側（支払側）の情報から、賃金支払状況をDI化

業種別　企業規模別　地域別　などの
賃金上昇（下降）傾向を常時モニタリング

個人側（受取側）の情報から、賃金受取状況をDI化

年齢別　所得水準別　居住地別　などの
賃金上昇（下降）傾向を常時モニタリング

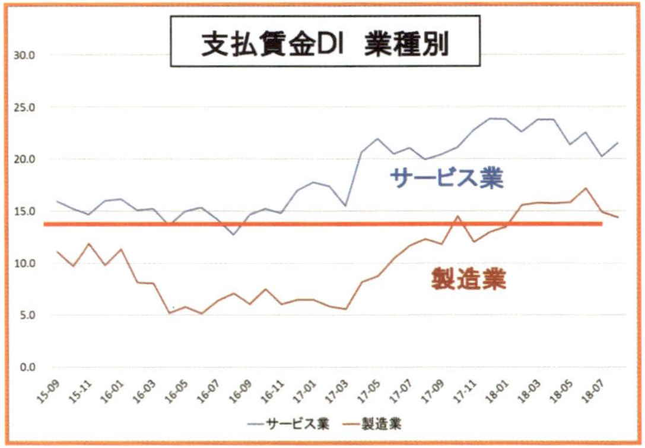

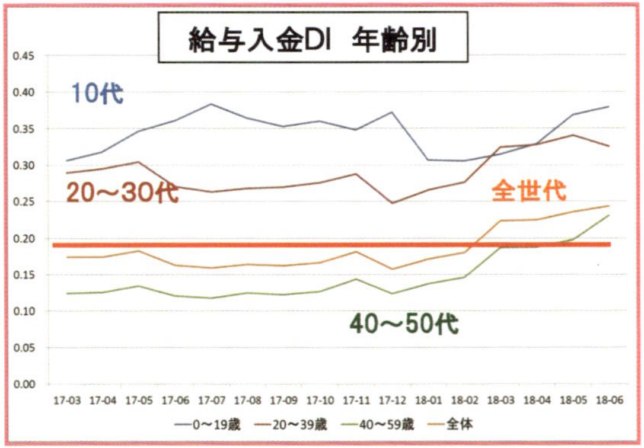

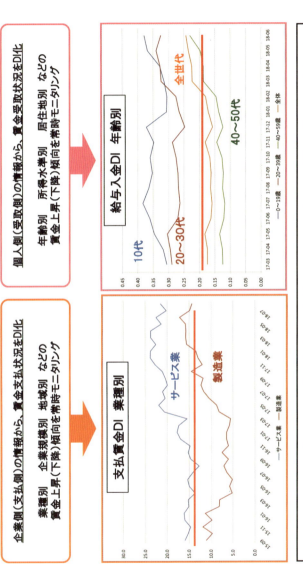

- 現下の国民経済・地域経済において、どの業種どの規模の企業群において経済活動が弱まっているか、どの年齢層、どの職種の所得水準が厳しくなっているか等を、不断にAI自動モニタリング
- よりよい健全な社会を実現するため、セーフティーネットを必要とする「社会的弱者」を“さまざまな基準”で炙り出す
- 必要なところへ、必要な資金を、ピンポイントで、あたかも“カテーテル手術”のように実行する財政金融政策

この動態経済指標は、単なる環境確認審査の用途にとどまらず、お取引先にいち早くこれからの環境変化を知らせることができ、外部変化に即応する防衛措置を前もって銀行との共同にて準備することも可能とします。

貿易摩擦の影響がジワジワと出ていることを指標値として確認でき、今後の動向をお客様とともに考察していきます。「雨が降る前、降りそうな時、台風となる時、局地的豪雨となる時」を科学的に推察し、お客様へのコンサルティングを通して、金融手当を前もって実行することが可能となります。現在、"景気温度"や"景気圧"などの新機軸の経済指標の創出を目指しています。

この動態経済指標は、すでに全国各地の個人消費の動向をDI化しており、また熊本地震、西日本豪雨災害の復興でも実践活用されています。**図表6－9**および**図表6－10**は、熊本地震において、**口座取引明細履歴情報**から算出された動態経済指標の復興への実践事例です[3]。

震災直後において、被災現場に行員職員を派遣することは建物倒壊、二次災害の可能性から、そして何よりもマンパワー不足から、きわめて困難なものとなります。被災状況の確認が遅れることは、その後の復興対策の大きなボトルネックとなります。

しかし、**HALCA-C**は、問題なく、休みなく、タイムリーに働きます。「ミクロベースでの経済活動変化（事業性入出金、賃金支払い等）」について、"震災前と後"を比較することにより、震災危機が現に与えている地域経済や産業構造への影響を客観的かつ即時に把握します。

商流連関からの地元のコア企業、コア商流の影響度合いを客観数値として理解し、復興のための有効な対策手順を、「金融⇔公的支援」一体で創出することを即座にサポートしました。

3　肥後銀行「熊本地震の影響分析と支援活動について（リサーチ活動と口座分析システムの活用）」
http://www.boj.or.jp/announcements/release_2017/data/rel170130a18.pdf）

【図表6－9】

災害有事の際の客観的PDCA指標となる「動態経済指標」

- ❖震災発生時における各企業・各地域の事業継続状況・復興状況の**可視化**
- ❖地元コア企業の事業不振・撤退・不祥事等の事象が与える、商流連関企業への影響の**可視化**

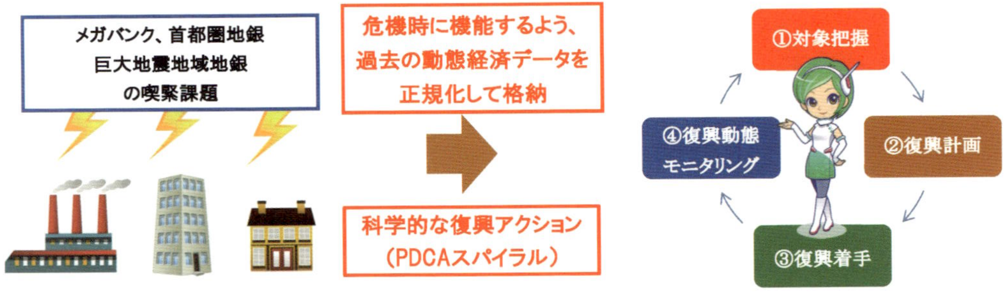

メガバンク、首都圏地銀
巨大地震地域地銀
の喫緊課題
危機時に機能するよう、
過去の動態経済データを
正規化して格納
科学的な復興アクション
（PDCAスパイラル）
①対象把握
②復興計画
③復興着手
④復興動態
モニタリング

① “ミクロベースでの経済活動変化”（事業性入出金、賃金支払等）について、“震災・危機の前と後”を、動態比較することにより、震災・危機が現に与えている国民・地域経済や産業構造への影響を客観的かつ即時に把握する **（対象把握）**

② コア企業、コア商流の影響度合いを客観数値として理解し、復興のための最も有効な対策手順を、〔金融⇔公的支援〕一体で、科学的に創出する **（復興計画）**

③ 上記復興計画に基づく各種金融施策実行（緊急運転資金融資、復興中長期融資）を官民一体で素早く実施する **（復興着手）**

④ 進捗状況を月次モニタリングし、PDCAを機能させ、復興計画の追加・強化・調整を実行していく **（復興動態モニタリング）**

「震災対応の事前訓練」を具体的な仮想シミュレーションとしても実行できる

また、どの年齢層、どの職種の人たちが困窮しているかを即座に把握し、セーフティネットを必要とする「社会的弱者」を特定し、必要な資金をピンポイントで、あたかも“カテーテル手術”のように実行する財政金融復興政策が可能となります。

動態経済指標は客観数値で計測されますので、復興の進捗状況を月次でモニタリングし、PDCAを機能させ、復興計画の追加・強化・調整を実行していくことも可能となりました。

日本リスク・データ・バンクでは、動態経済指標を継続的に算出し、時系列にて保存格納、災害や有事において、復興のPDCAが即座に駆動するサポートを、**HALCA-C**とともに展開しています。

被災により現地訪問のむずかしい地域にある取引先の状況を非対面で確認でき、被災後の商流マクロ動向をMRI画像のように詳細に把握でき、復興のPDCAが科学的に実行できるのです（**図表6－10**）。

すべての取引が電脳世界にて連結共鳴しながら、即座に金融が付帯される“フィナンシャル・デジタライゼーション”の世界において、銀行・地域金融機関は、“新しいデータソース”を探索し着眼し、そこから画期的な人工知能を紡ぎ出すことを、行動の腰骨とすべきです。その新しいデータソースは、“青い鳥”ではないですが、身近に存在しています。**口座取引明細履歴情報**です。

『口座取引明細履歴情報』が“１丁目１番地”となります。

ますます電子化する現代社会において、銀行・地域金融機関は、“決済という電子情報”を独占的に保持する業態です。

幾何級数的な発展を遂げる電脳取引を“自動的に電子化”し“常時更新蓄積”するITインフラをすでに保有しているのです。GAFAや異業種にとって、垂涎の的である『口座取引明細履歴情報』を銀行界は保有しているのです。

【図表６－10】

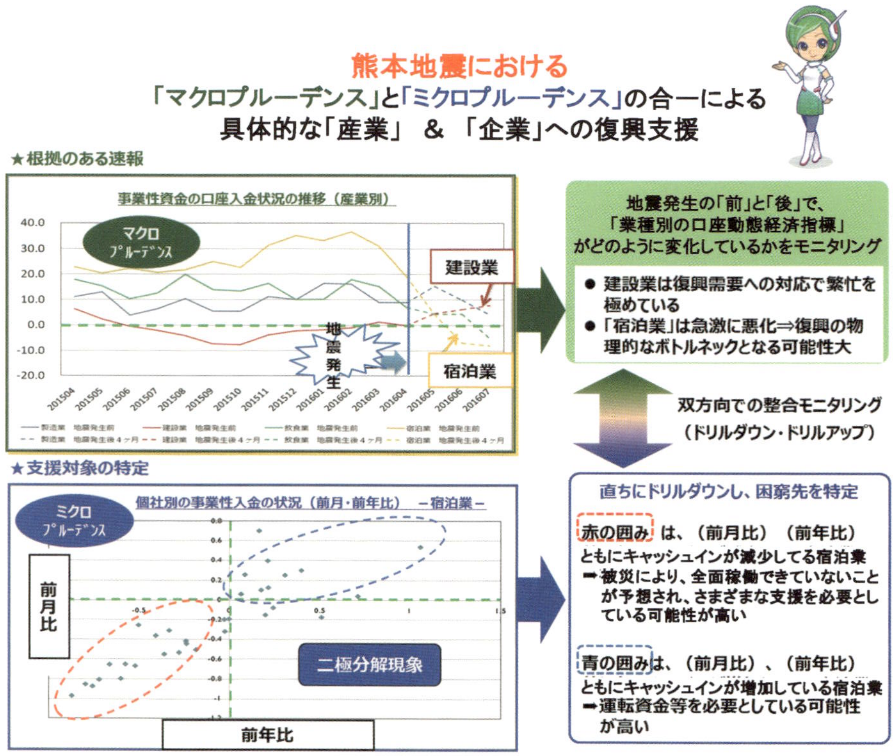
熊本地震における
「マクロプルーデンス」と「ミクロプルーデンス」の合一による
具体的な「産業」 ＆ 「企業」への復興支援
★根拠のある速報
事業性資金の口座入金状況の推移（産業別）
マクロ
ﾌﾟﾙｰﾃﾞﾝｽ
建設業
宿泊業
地震発生
地震発生の「前」と「後」で、
「業種別の口座動態経済指標」
がどのように変化しているかをモニタリング
● 建設業は復興需要への対応で繁忙を極めている
● 「宿泊業」は急激に悪化⇒復興の物理的なボトルネックとなる可能性大
双方向での整合モニタリング
（ドリルダウン・ドリルアップ）
★支援対象の特定
個社別の事業性入金の状況（前月・前年比） －宿泊業－
ミクロ
ﾌﾟﾙｰﾃﾞﾝｽ
前月比
前年比
二極分解現象
直ちにドリルダウンし、困窮先を特定
赤の囲み は、（前月比）（前年比）
ともにキャッシュインが減少してる宿泊業
➡被災により、全面稼働できていないことが予想され、さまざまな支援を必要としている可能性が高い
青の囲みは、（前月比）、（前年比）
ともにキャッシュインが増加している宿泊業
➡運転資金等を必要としている可能性が高い

それも、他行他社には利用権限のない“独占的電子財産”です。さまざまな企業および人間活動の電脳写し絵である『非構造データ』です。この巨大で即時性、常時更新性、明細性、商流連関性という性能をもつ従来分析できなかった情報を、新たなデータソースとして人工知能に学習させ、デジタル・プロセス・リエンジニアリングに埋め込んでいくのです（図表６－12）。

さて、以下のハルカたちは、論考の展開上、第９章「デジタル・プロセス・リエンジニアリングの具体設計 ― 人間とAIの“新結合”―」で詳述します（**図表６－11**）。

【図表６－11】

HALCA-F（長期財務モデル）　HALCA-G（コミュニケーションモデル）

【図表6－12】

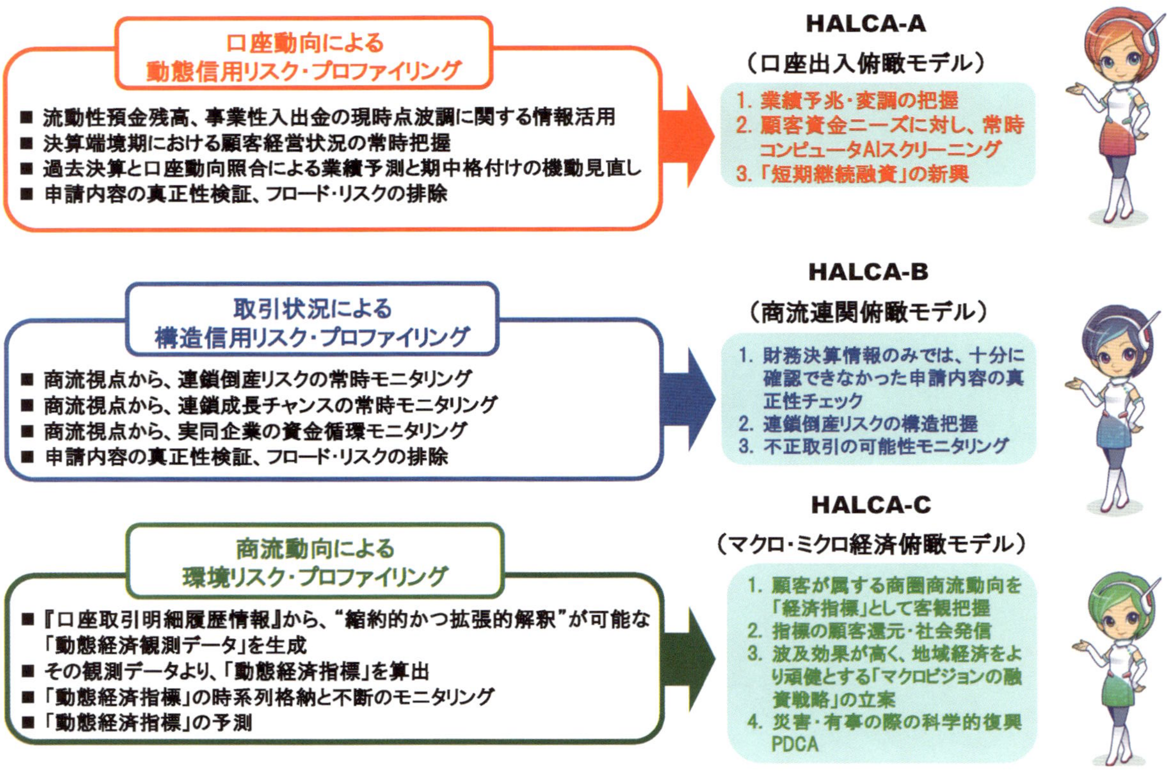
口座動向による
動態信用リスク・プロファイリング
■ 流動性預金残高、事業性入出金の現時点波調に関する情報活用
■ 決算端境期における顧客経営状況の常時把握
■ 過去決算と口座動向照合による業績予測と期中格付けの機動見直し
■ 申請内容の真正性検証、フロード・リスクの排除
HALCA-A
（口座出入俯瞰モデル）
1. 業績予兆・変調の把握
2. 顧客資金ニーズに対し、常時コンピュータAIスクリーニング
3. 「短期継続融資」の新興
取引状況による
構造信用リスク・プロファイリング
■ 商流視点から、連鎖倒産リスクの常時モニタリング
■ 商流視点から、連鎖成長チャンスの常時モニタリング
■ 商流視点から、実同企業の資金循環モニタリング
■ 申請内容の真正性検証、フロード・リスクの排除
HALCA-B
（商流連関俯瞰モデル）
1. 財務決算情報のみでは、十分に確認できなかった申請内容の真正性チェック
2. 連鎖倒産リスクの構造把握
3. 不正取引の可能性モニタリング
商流動向による
環境リスク・プロファイリング
■『口座取引明細履歴情報』から、“縮約的かつ拡張的解釈”が可能な「動態経済観測データ」を生成
■ その観測データより、「動態経済指標」を算出
■「動態経済指標」の時系列格納と不断のモニタリング
■「動態経済指標」の予測
HALCA-C
（マクロ・ミクロ経済俯瞰モデル）
1. 顧客が属する商圏商流動向を「経済指標」として客観把握
2. 指標の顧客還元・社会発信
3. 波及効果が高く、地域経済をより頑健とする「マクロビジョンの融資戦略」の立案
4. 災害・有事の際の科学的復興PDCA

第7章

『デジタル・プロセス・リエンジニアリング』の基本構造図

1 デジタル・プロセス・リエンジニアリングとイノベーション

いよいよ本書の本題に入ります。“人工知能をどう経営実装するか”です。

ここまで、フィナンシャル・デジタライゼーションの世界では、銀行・地域金融機関の**デジタル・プロセス・リエンジニアリング（以下、「DPR」）**は必要不可欠であり、“人間はそもそもお邪魔”な存在で、“デジタルが流れ、流れ込む”よう、ビジネス工程をデジタル化しなければならないこと、そのためには人工知能（AI）を“電脳歯車”として機能するよう、最大最強最良の**口座取引明細履歴情報**から精錬精製すること、そして現在紡ぎ出されている“ハルカたち”を紹介してきました。

本章より、精錬精製したハルカたちをどうビジネス工程に配置し、“電脳歯車”として駆動させるかの基本設計に関する考察を進めます。

DPRの設計はもちろん、“人間にしかできない”ことです。フィナンシャル・デジタライゼーションの“世界観”を打ち立て、人間価値を新たに創造し、“AIと人間の協業組上げ”を成し遂げること、それは人間にしかできないことなのです。

飛躍的に発展しているディープラーニングは、ニューラル・ネットワークの「隠れ層」を多層に増やしていくものです。

説明変数と目的変数の関係を、人間の脳を模したネットワーク構造によって表現する数学モデルで、各変数が「神経細胞」を、変数間の関数が「ニューロン間の信号」のアナロジーとなっています。

一方、“人間の脳”はといえば、人工知能とは比較にならないすごさです。隠れ層は数十のレベルではありません。1,000億個の脳細胞、シナプス100兆本のニューラル・ネットワークです。

【図表７－１】

- “フィナンシャル・デジタライゼーション”の『世界観』を打ち立て、人間価値を新たに創造し、“AIと人間の協業組上げ”を成し遂げる
- それは“人間にしかできない”
- AIと人間の協業設計・実行・修正・発展は、数年で終わるものではない
- AIとの協業は『新しい人間価値』『働き処』を産む

DPRをどう設計し実行するか、私たちの“脳の腕の見せ所”なのです（**図表７－１**）。

“イノベーション”の概念を初めて提示したヨーゼフ・シュンペーターは、「生産要素の新結合」と定義しました。「人工知能」と「人間」を“新結合”するイノベーション行為こそがDPRなのです。

2 銀行・地域金融機関こそがAI人財の“苗床”となる

わずか数年で大きく飛躍した人工知能と新結合できる私たちは、きわめて幸せなフロンティアにいます。この“新結合”が、数年で完成するとは到底思えません。産業革命は100年にも及ぶものです。私たちは、「人工知能」と「人間」をどう結合し、イノベーションを起こすかの“発起点”にいるのです。

AIが人間機能を代替し、錆びれた社会になると悲観するのはおかしな考えです。“発起点”にいま生きている私たちは、“やりたい放題”のワクワクする時代に生きているのです。そんなチャンスを、きっと後世の人たちは羨むことでしょう。AIと人間の協業設計・実行・修正・発展は、2～3年で終わるものではありません。

そして、AIとの協業は、『新しい人間価値』と『働きどころ』を生むのです。私はそう確信しています。そして、読者の皆さん全員がそのチャレンジャーとしての有資格者です。20代、30代の若手はとにかくAIにかかわった仕事をしたいと考え、チャンスを希求しています。

しかし、産業構造の集約が進んでいる製造業、流通業や商社において、それができるポジションは多くなく、なかなかその輪に入れません。

一方、銀行・地域金融機関は特殊な環境です。同一都道府県内にて多数の企業体が存在しています。そこに皆さんは在籍しています。AIと人間の新結合の世界に自らの立場を置けるチャンスが目の前にあるのです。このチャンスをしっかりとつかんでください。さらに幸運なことに、つかんだチャンスは2～3年では決して終わらず、皆さんの長い人生の活躍場所となるでしょう。

そして皆さんの行動が日本のAI人財の“苗床”となり、地域経済、中小企業へのAI展開の活動原子となるのです。なんて恵まれて、ワクワクする時代と環境に皆さんが生きているか、ぜひ感得してください。

③ DPRの基本構造

図表7－2が、私が考えるDPRの基本構造図です。

コンピュータ用語に「良構造問題」と「悪構造問題」があります。

良構造問題とは、問題が明瞭であり、その解き方が客観論理的に形成できるもので、コンピュータが得意とする分野です。

一方、**悪構造問題**とは、問題はわかるのですがその解き方が演繹構造として形成困難なものです。「彼、彼女と結婚したいのですが、どうしたらよいか」といった問題です。

横軸の左サイドが「良構造問題の性格が強いもの」であり、右サイドが「悪構造問題の性格が強いもの」です。

与信ビジネスのカテゴリー分けとして、良構造の性格が強いものから並べてみると、「運転資金（経常）」⇒「設備資金（経常）」⇒「運転資金（突発）」となります。

これらは、資金の必要性背景、必要額、返済能力に関し、数理的な分析により、与信可否の判断が決定できるものと考えます。

このような良構造の与信カテゴリーに対しては、第6章で説明した**HALCA-A（口座出入俯瞰モデル）**、**HALCA-B（商流連関俯瞰モデル）**、**HALCA-C（マクロ・ミクロ経済俯瞰モデル）**によって、十分に機能代替可能なカテゴリーであると考察します（**図表6－12**）。

一方、10年に一度などの大きく基幹的な「設備投資（戦略）」においては、過去の延長線上での投資実行では陳腐化リスクが生じる可能性があります。「もっと新機軸の設備形成方法があるのではないか」「将来も需要が安定的に望めるか」等の戦略的な意思決定が必要となります。

【図表７－２】

DPRの基本構造図

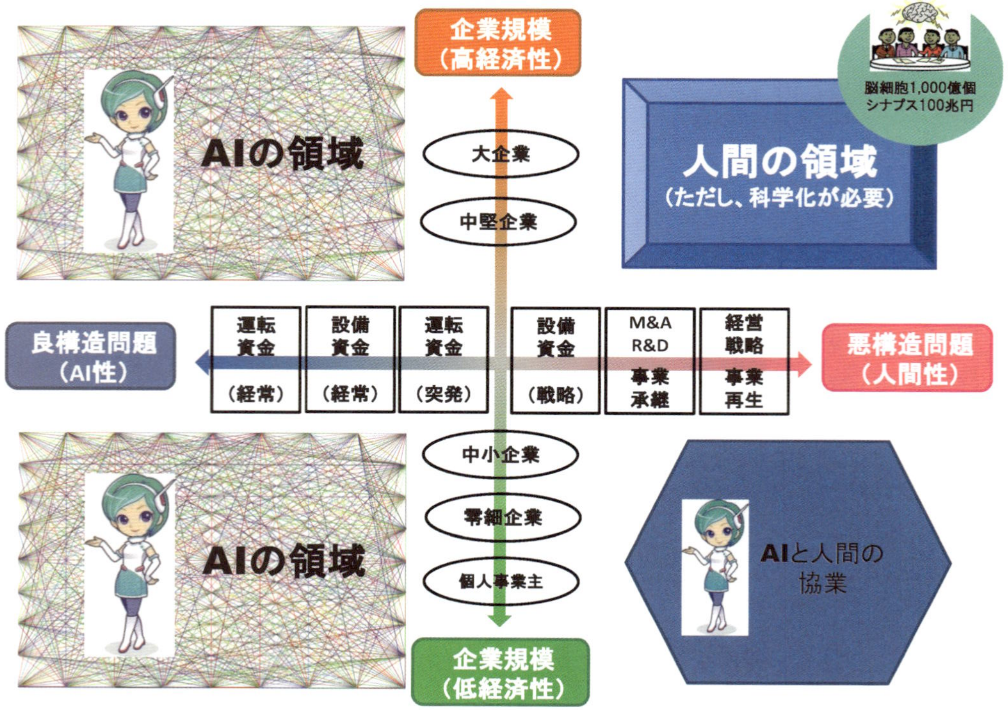

「問題はわかるが、どう解いたらよいかはっきりわからない」という問題に対して、AIを主たる意思決定として駆動させるには無理があります。さらに、M&AやR&D、事業承継、事業再生、経営戦略においては、AIの働きどころはきわめて小さいものとなるでしょう。

縦軸は「企業規模（経済性）」を表し、規模の利益が働く大企業から始まり、中堅、中小、零細、個人事業主と経済性が低減していきます。以上の2軸において、人工知能と人間の得意性をよくよく分析し、構造マッピングして、人間とAIの「棲分け」と「協業組上げ」を行うことが**DPR**のスタートとなります。

「良構造×低規模性」において、AIが最も効率的な生産要素となります。その上部象限である「良構造×高規模性」でも同様と判断します。

繰り返しになりますが、多次元膨大かつ即時の“電子潮流”において、人間では質的にも量的にも対応不可能です。

DPRを実現するためには、要所要所に“電脳の歯車”である人工知能（AI）を設置し、駆動させなければなりません。人工知能を開発し駆動しないものは、デジタル社会から排除されます。それが“フィナンシャル・デジタライゼーション”の世界です。この2象限は、客観的にも、また経営環境においても、AIが主要な生産要素となります。

一方、「悪構造×高規模性」においては、人間が主たる生産要素となるべきです。AIには対応不能であり、人間価値が圧倒的であり、コストも見合う象限です。

しかし、単純な人間価値の一本勝負では、顧客満足度も生産性も競争優位も維持できません。そこにはやはり“科学”が必要となります。従来に代わる設備形成の方法や同業他社の動向等の調査が重要となります。“悪構造を良構造に変換する”科学が必要です。

ここに「知の形成」を実現できなければ、金融機関の存在価値は磨耗し消滅することになります。M&Aにしても、その後のパフォーマンス・フォローが重要です。そうでなければ、ただ単に“見合い”させて成約手数料をとるだけのエージェントになってしまいます。

この象限においては、AIが裏方サポートとなり、人間機能を改善するよう設計する必要があります。

その科学化（効率化）を進めないと、「悪構造×低規模性」においては、一部の顧客しか対応できず、多くが放置されることになります。

さて、誤解のないように注釈しますが、「良構造×低規模性」において、人間が必要なくなるといっていません。この領域は、“AIが主たる生産要素”となる、といっているだけで、人間が不要とはまったく考えていません。

むしろ、競争優位、顧客満足を得るためには、多くの人間が必要となります。人間が決定的な競争優位の源泉となると考えています。AIにて効率的な“前さばき”をし、ベストのタイミングで人間が新たな価値を発揮する、それがDPR設計の肝なのです。

そこで次に、フィナンシャル・デジタライゼーションの最先進国となった中国から、人間とAIの“新結合”に関して学び、**DPR**の具体的な設計へと考察を進めていきます。

第8章

“最先進国”中国より学ぶ
―それはAIと人間の新結合による『信頼革命』―

1 中国のスマホ電子決済から学ぶべきこと

中国はフィナンシャル・デジタライゼーションの“先進国中の先進国”です。彼らは、地球上で最も進化したフィナンシャル・デジタライゼーションを達成し、そして進化し続けています。

世界で初めて紙幣を使用したといわれる中国は、現在、押しも押されぬ“電子決済の世界的リーダー”です。

皆さんがご存知の**アリババの決済アプリ「アリペイ」**は強烈です。

大通り、路地裏、小売りから飲食、店舗の大小を問わず、おじいさん、おばあさんもアリペイです。QRコードをかざせば決済が終了します。何もかもがアリペイです。2018年３月時点、８億7,000万人がユーザーとなっています。

しかし、電子決済は、アリペイの独壇場ではありません。テンセントのウィーチャット・ペイが強力なライバルとして存在します。

ウィーチャットはSNSの世界トップカンパニーですが、コミュニケーション・ツールであることから、決済事業において、アリババに劣後していました。アリババの独占は８割に達していました。それがわずか１週間で大きく変貌したのです。

2014年春節、「微信紅包（Weixin hongbao）」という新サービスを投入し、「早い者勝ちのお年玉あげちゃうキャンペーン」を突如宣言し実行したのです。想像を超えた人数が一気にウィーチャット・ペイに登録し、2018年６月時点で、ユーザーはなんと10億5,700万人です（**図表８－１**）。

1970年代日本のソニー、松下電器産業（現パナソニック）、日立製作所、東芝が躍動した家電革命のように、中国全土でフィナンシャル・デジタライゼーションの革命が激しい融合的競争のなかで巻き起こっているのです。それも企業・個人の圧倒的な賞賛と支持を得ながら進展しています。

中国のキャッシュレス比率は60％（上海では95％）に到達しているといわれています。日本は20％程度です。これからの日本のデジタル決済をどう展望すべきでしょうか。このまま20％から鳴かず飛ばずで推移する世界でしょうか。

私はそうとは思えません。消費増税対策により、日本全国の零細小売業に至るまで、また老若男女問わず、一気に電子決済が進むと想定します。

インドですらキャッシュレス比率が40％、米国でも50％です。韓国では90％を超えています。日本でも驚きの電子決済運動がありました。ソフトバンクの「PayPay100億円あげちゃうキャンペーン」です。10日で“190万人”のユーザーを獲得しました。わずか10日です。ユーザー獲得費用は１人当り5,000円でした。たった10日で大手地方銀行の顧客数に到達しました。

第二弾の100億円キャンペーンも実施されました。私の行きつけの床屋さんでは、すでにアリペイ、ウィーチャット・ペイでの支払いが可能となりました。そして周りを見渡すと２割は中国からのお客様です。それも「ネット予約＋事前メニュー・オーダー」のお客様です。きっかけは、PayPay導入でした。店長は「ありがたい」の一言でした。

【図表８－１】

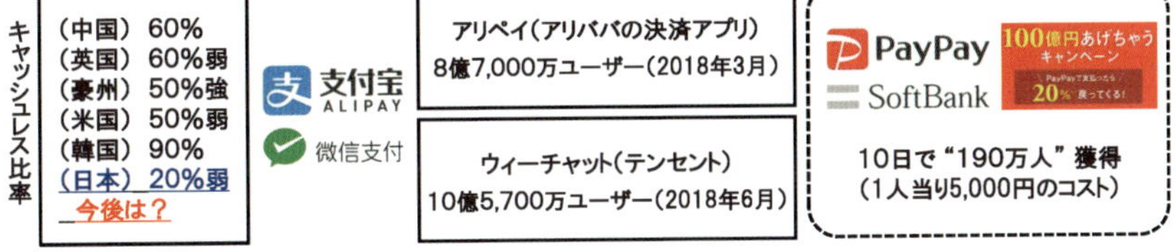

お客様が電脳世界を通して、勝手に“リアル”にやってくるのです。支払いも簡単、焦付きなし。そしてクレジットカード手数料と比べとても安い。ほぼ無料に近いのですから、大歓迎です。

日本はオリンピックに向けていかに“インバウンド需要”を取り込むかが、東京のみならず、日本全国の課題です。

全国津々浦々の小売業、サービス業、観光業の事業者は、“デジタル化することを真に望んでいる”のです。銀行・地域金融機関がいまなすべき地方創生、中小企業支援は、彼らのフィナンシャル・デジタライゼーションの推進です。そのためには、まず自らが**DPR**を実行しなければなりません。

「携帯電話の大普及⇒ガラケーからスマホへ、ポケベル⇒iモード⇒チャット・LINE・Slack」の急速な変遷とその国民経験から、5年後において、すでに想像を超えるデジタル決済となっている世界を想定するのはむしろ普通のことです。

アリペイの本当のイノベーション価値は“OtoO”です。

“OtoO”とは、第1章（双12）の考察のとおり、「Online to Offline」の略で、インターネットから各種イベントにより“刺激”を与え、実店舗へお客様を誘致することです。一度実店舗で幸福体験したお客様は購入可能な商品を再度ネットにて注文する「Offline to Online」という相乗効果を生みます。ネットにて刺激を与え、リアルなショッピングへ、そしてそのリアルからネットショッピングへ顧客行動を誘発するマーケティングです。

スマホ決済により、デジタライゼーションは、もはや電脳世界だけの話ではなく、“ネットと実体経済が動態融合”した広大な“新経済”となったのです。

アリペイにより、パソコンのバーチャル世界の商取引が、**“実体経済へ電脳拡大”**したのです。アリババはスーパーマーケット、コンビニから露店商に至るまで、リアルな経済主体へと営業拡大したのです。

ほぼすべての実店舗における消費シーンをカバーしたのです。これにより、真のデジタライゼーションの世界を創造したのです。商店は、「QRコード決済」により、もはや電子読取機は必要なく、入金口座・価格等を記載したQRコードを店頭に掲示するだけでよいのです。現金のやりとりはいっさいなく、お互いにスマホがあれば電子取引が完了する。「Offline ⇔ Online」における圧倒的な“触媒”としてアリペイは機能したのです。

スマホ決済は、「ネット」と「実店舗」を結びつけ、化学反応させる“触媒”です。その触媒効果により、ネットとリアルを融合作用させる“驚きの民間公共投資（キャンペーン）”がイノベーションされたのです。その最大の功労者がスマホ決済なのです。

中国のスマホ決済から学ぶべきことは、DPRの設計において、“スマホを中心に考えないとすべて間違う”ということです。もはやパソコンでのバンキングではないのです。スマホなのです。なぜなら、スマホは“町に持ち出せるパソコン”であり、“商取引の万能機器”であるからです。そして何よりも「仮想空間⇔現実空間」を次元接続する“電脳触媒（窓）”であるからです。

銀行・地域金融機関の**DPR**設計は、スマホを中心に考えなければなりません。スマホでさまざまな個人・法人が決済し合い、売買し合うのです。金融商品はもはや単品での販売は不可能です。

経済取引が、常時電子連結、多次元相互、即時共鳴する世界において、金融だけは“別取引”とはなりません。

金融商品は単品ではなく、ポイント制、キャッシュバック、受発注・相見積り等の商取引と構造化された“パッケージされたビジネス”となるのです。

そしてそれが、スマホで、24時間365日なされているのです。

“スマホシーンをDPRの基本構造に組み込むことが第一です”

アリババはアリペイにより、バーチャルでも、リアルでも、どちらでも経済取引情報（価格、商品特性、受発注、発送状況、評判、障害等）を自動的に電脳収集し、これから紹介する多種多様な金融事業を展開しています。まさに“フィナンシャル・デジタライゼーション”の世界です。そこではもちろんAIがフル活動します。しかし、考察を進めると以下の特徴が鮮明に浮かび上がります。

“AIが活動すればするほど、人間は次元を超えた新しい活動をする”

次に、この「スマホ」によって、いかに先進中国がフィナンシャル・デジタライゼーションを展開しているか、考察を進めます。

② 申込み３分、審査１秒、人手ゼロの社会革命

皆さんのなかには**芝麻信用（ジーマクレジット）**による社会革命をご存知の方もいるでしょう。アリペイにより創出された“個人格付け”です。

日本においても追随する動きが新聞紙上を賑わせています。この個人格付けは、アリババが提供するプラットフォームにて観測されるさまざまな電子情報をリソースとして、信用履歴、行為動向、支払能力、身分特徴、人脈関係の５基準から、AIが信用スコア付けするものです（**図表８－２**）。

日本では何となくネガティブ・イメージで報道されることもあります。AIに人間が支配される、という論調です。

アルゴニズム・フェアネス、つまり、「人工知能は“公正”なのか」「AIが社会的な排除を生むのでは」といった論調です。もちろん、“考え方”、“見方”としてはあるでしょう。

しかし、それはいま、中国で起きている社会革命の本質ではありません。そもそも「芝麻信用」は、中国の信用創造の輪に入れない、もともと排除されていた個人に資金を供給するために創成されたものです。

“現在の社会システムで排除されている人たちへの救済”が目的です。そのことを、「芝麻信用」の創造者であるジャック・マーが明言し、経営理念として明記しています。

現行社会が排除していた人間へのAIによる救済なのです。

【図表８－２】

芝麻信用
（ジーマクレジット）

(700 ～ 950) 信用きわめて優秀
(650 ～ 699) 信用優秀
(600 ～ 649) 信用良好
(550 ～ 599) 信用普通
(350 ～ 549) 信用劣後

申込み3分⇒審査1秒

【信用履歴】【行為動向】【支払能力】
【身分特徴】【人脈関係】の5基準

“申込み３分、審査１秒”、そして**“人手ゼロ”**をモットーにしています。

それがあまりにパワフルで社会厚生に合致したものでした。何億の人にも賞賛され、受け入れられたのです。

高スコアの個人では、いままで必要であった“デポジット（預託金）”が必要なくなりました。レンタカー、宿泊、賃貸住宅契約時に不要となりました。敷金や前払い家賃の預託が不要となり、若い人たちから絶賛されました。解放されたデポジット総額は5,000億円を超えています。デポジット処理がなくなったので、店舗においても事務の簡素化が進みました。

いかにしてスコアをあげるかが社会ムーブメントとなっています。中国国務院は“信用の社会的価値”に関して、「誠実さを重んじる文化理念の樹立とその伝統的美徳の発揚を“内在的要求”として信用を重んじることを奨励し、信用を失えば制約を受ける処罰によって社会全体の誠実さの意識とレベルを上げる」との論理を展開しています。

スコアをみて結婚相手を決めるなど行き過ぎた面がありますが、このわずか２～３年で、中国人の風情や気質は大きな変貌を遂げています。日本人が学ぶべき点が顕著となっているのが実態です。何事も行き過ぎはいけません。しかし躍動しない世界こそ、取り残される人たちや格差社会の固定化となります。私たちはいま抱いている中国像を払拭し、謙虚に学ばなければなりません。

ジャック・マーは、この信用創造に関する社会革命をさらに進めています。“零細企業向けのマイクロファイナンス・ビジネス”の展開です。「阿里小貸」を、2010年に起ち上げました。

“310モデル（申込み３分＋審査１秒＋人手ゼロ）”のDPRプロセスを確立し、１件当りの審査コストは50円以下といわれています。もちろん、スマホでの電子約定です。

対象を“厳格”に、個人事業主、零細企業に限っています。中堅・大企業は厳しく対象外としています。従業員が多くても十数人の小企業までです。

この経営方針はジャック・マーが制定したもので、それを確実なものとするよう“１社当りの貸出上限”を厳格に定めています。利益追求に陥いり、もともとの企業目的が変質しないよう、厳しく運営しています。もちろん、無担保融資です。日本における地域金融機関のお客様が正にターゲットです。

「Online（ネット店舗）」「Offline（実店舗）」の双世界に対して、マイクロ資金を信用供与します。アリババ・プラットフォーム利用者の半分に貸出を行っています。出店者の年間借入回数は30回にも及び、毎回の融資期間は４日ほどの超短期です。“新規のお客様には利率を低くし、２回目からは引き上げ、利用回数が増えれば信用リスクに応じて金利を引き下げる”という、**“動態タイムシリーズ・レンディング”をAIを梃子に自動実行**しています。

「独身の日」等の大キャンペーン時、アリババがプロモートし、ネット・実店舗を問わず大量の集客を担い、そのうえビジネス・マッチングし、さらにそのための商品仕入れや従業員手当ができるよう前もって信用供与するのです。“構造化されたパッケージビジネス”の一部として信用供与が行われているのです。もちろん、買う方の個人顧客も「芝麻信用《ジーマクレジット》」によるローンサービス付きです。

信用供与は、“構造化されたパッケージビジネス”の一部であり、全国津々浦々の個人事業主・零細企業の販売促進、収益増強の“直燃エネルギー”となったのです。アリババは、圧倒的な感謝と信頼を得ているのです。さまざまなキャンペーンを企画立案し、現実の経済利得をお客様にもたらすのですから、銀行・地域金融機関では不可能な顧客紐帯をプラットフォーマーは獲得しているのです。

AIとIoTにより、“超膨大かつ超少量”の融資を、それも“超密時間(キャンペーン)”にて、自らが“仕掛けて”実行し、出店者である個人事業主・零細企業のビジネス発展に寄与する、まさに、王道中の王道の“フィナンシャル・デジタライゼーション”です。

3 住宅ローンを扱わない小規模事業者のための銀行

アリババはプラットフォームにて収集される店舗取引量、在庫状況、評判口コミ、配送状況、返品・不具合履歴、本人認証、訴訟・紛争の電子情報から、AIを精錬精製し、不断の**DPR**を実行しています。融資先企業は400万社以上、貸出金残高は10兆円を超えました。99.9％が800万円以下の貸出と報道されています。

しかし、いちばんほしい『口座取引明細履歴情報』がないのです！

そこでアリババは2015年、ネット専用の個人事業主・零細企業向けの銀行を創設しました。「網商銀行（MYbank）」です。

“銀行が変わらないなら、われわれが銀行を変える”

という社会的情熱で設立し、「小額預金」「少額融資」を社是としています。

特筆すべきは、2016年、中国の銀行界が“住宅ローン”に傾注した時、「網商銀行」の住宅ローンの取扱いは“ゼロ”だったことです。徹底した“小規模事業者のための銀行”なのです。日本の地域金融機関のコアカスタマーがターゲットです。店舗ゼロ、従い外交員ゼロ、現金・小切手・為替手形を取り扱わない、完全クラウド形式のオンライン銀行の誕生です（**図表８－３**）。

【図表８－３】

網商銀行
（MYbank）

「個人事業主・小企業向け融資」
2015年6月　オンライン銀行として開業

（利用社数）1,042万社
（融資累計）1兆8,800人民元
（借入理由もデジタル授受）
- 売上増のため従業員を増やしたい
- キャンペーンのため在庫を増やしたい
- 売掛金入金遅延

AI審査（商流・物流チェック）

この“クラウド銀行”がまたすごいのです。キャンペーン取引の**密時間爆発**に対する“銀行処理の限界”を予測するのはきわめて困難です。なぜなら、キャンペーン自体が出店者である個人事業主・零細企業の“次元超え”のためだからです。

そうです。“銀行処理の限界”を設けてはいけないのです。『密時間爆発』の電脳商取引にどうフィナンシャル・デジタライゼーションできるのか。

従来のITシステムでは取引量を事前設定し、その量がさばけるようにハードウェア構成を決定するものです。このような従来システムでは対応が不可能です。クラウド・コンピューティングしか対応できません。彼らはクラウド銀行として独自のITインフラを構築したのです。

たった３年で、利用社数1,042万社、融資累計１兆8,800人民元（約30兆円）まで急進しています。

「スマホで申込み⇒即座に審査⇒入金」アリババ・プラットフォームの電子商取引情報をAIが24時間365日モニタリングします。スマホに打ち込まれた「借入理由」、たとえば、「売上増のため従業員を増やしたい」「キャンペーンのため在庫を増やしたい」「売掛入金の遅延に対処したい」などの申請内容の真偽性を、AIが商流・物流・金流を自動モニタリングしながらチェックし、事後検証しながら、今回のみならず、次回の貸出や貸出枠を動態にて更改していきます。

このようなことは、もちろん人間ではさばききれません。処理のスピード、能力はもちろんのこと、そもそも電子商流のなかでは“人間はお邪魔な存在”なのです。AIを活用したからこそ実現しえた社会厚生であり信用創造革命です。

4 お客様が毎日訪れる保険会社の信頼革命

「平安保険グループ」は、1988年に深圳にて創業され、現在170万人以上の社員を抱える、時価総額20兆円超えの巨大金融グループです。フィナンシャル・デジタライゼーションの進展により、保険会社特有の“顧客接点の脆弱性”が今後の経営危機を惹起すると経営判断し、2013年よりビジネスモデルを“デジタル第一”で変革し成功を収めています[4]。

保険事業とは、いったん保険商品を売却するとその後は、めったにお客様と接点がないものとなります。

この顧客関係の希薄さが、台頭するアリババ、ウィーチャット等のプラットフォーマーからの壊滅的な浸食を許すと経営判断しました。プラットフォーマーは、毎日の商取引やコミュニケーションにより、保険の重ね売りが可能だからです。

そこで平安保険グループは、“お客様から圧倒的な支持を得られる満足を毎日実現”するよう、**DPR**を果敢に実行しています。

内部プロセスのデジタル化はもちろん必要ですが、そこからデジタル化を進めるのではなく、**“お客様と毎日電子コミュニケーションする”を第一に業務革新**を実行したことが特筆に値します。

4　平安保険グループに関しては、『平安保険グループの衝撃（ジャーイン・シュ、チャン・ホン（著））』が詳しい。フィナンシャル・デジタライゼーションと信頼革命を成し遂げた「顧客体験統括部門長」がその思想、アプローチ、ノウハウを詳細に開示しています。それは、とても“科学的”であるとともに、“実務的”であり、“経済価値的”です。“最良の顧客体験（経営戦略）”を実現するよう、経営陣からなるCX（顧客体験）委員会とグループ各社にCX部門を設け、毎月2,000万以上のアンケートを継続実施し、高速にサービスを改善しています。

ともすれば、内部の業務フローを“いじる”ことから始めがちです。彼らがすごかったことは、フィナンシャル・デジタライゼーションにおいて勝者となるためには、**“お客様から圧倒的な支持を得られる満足を毎日実現する”**ことであると経営解題し、DPRを実行したことです。平安保険に“毎日来てもらい幸福体験をしてもらう”、それを電脳世界にて実現する確固たる世界観によるDPRを成し遂げたのです。

図表8－4はその成功のポイントを抜粋したものです。お客様が毎日スマホを覗くとき、平安保険のサイトを訪れるよう、“キラーアプリ”を開発したのです。なかでも、医療・健康支援アプリ「平安好医生」は強烈です。平安好医生のユーザーは2億人です。ユーザーが体調不良を感じたとき、わざわざ病院へ行く必要があるのかを、アプリで無料診断を受けることができます。

もちろん、その裏では実際の医師が対応します。提携医により、それも2分以内に回答を得ます。診断結果が、わざわざ病院に行かなくてもよいが投薬は必要と判断されれば、30分以内に薬が宅配でやってくる仕組みです。

最近では繁華街に証明写真ボックスのような無人アクセスポイントを設け、そこでリモート問診を受け、薬が必要なら、そのボックスから自動的に出てくるまで進化しています。驚きです。不安が2分以内に解消され、薬までやってくる。もし、「病院で精密検査などが必要」と判断されたら、スマホに最寄りの病院リストが掲示され、かつタップすると即座に予約ができます。

さらに、医師まで“指名”できるのです。受診に必要な専門医が一覧表示され、タップすると経歴、専門（発表論文を含む)、患者評価などの情報が手に入ります。そのなかから、自由に医師を選ぶのです。実際に受診して相性などが合わないときは、医師を“チェンジ”することもできます。そして、もちろん、保険請求等の手続きはスマホで完結です。まさに驚嘆の“最高最幸のサービス”です。そしてもちろん、これらはすべてスマホでのサービスです。

また、病気予防のための“歩け歩けアプリ”があり、毎日達成するとご褒美（ポイント）が進呈されます。実は“毎日達成”がポイントなのです。

【図表８－４】

（先進中国より考える）平安保険グループの成功のポイント

1988年に深圳にて創業。現在170万人以上の社員を抱え、時価総額20兆円超えの総合金融グループ。
保険会社の“顧客接点が脆弱”＝（いったん保険購入すればその後めったに接点なし）という弱点が、フィナンシャル・デジタライゼーションの世界において、決定的な経営危機を惹起すると経営判断し、2013年よりビジネスモデルを“デジタル第一”によって変革し成功を収めている。

医療、移動、住居、娯楽といった“生活密着サービス”をAI×デジタルにて革新展開

- 〔平安好医生〕　医療・健康支援アプリ
- 〔汽車之家〕　自動車メディア
- 〔平安好車主〕　マイカー管理アプリ
- 〔壱銭包〕　デジタル決済アプリ
- 〔平安好房〕　住まい探しアプリ

― 2億人のユーザー ―
提携開業医によるアプリ無料リアル問診（2分以内回答）
病院アプリ予約機能（場所など“お勧め”機能）
医者選定＆予約アプリ機能（評判、論文、経歴開示）
健康スマホアプリ（歩け歩け⇒ポイント付与）
いつでもどこでも“安心”　毎日コミュニケーション

これらのアプリを“現場営業”がスマホにインストレーションしてくれる
人間に対する感謝と信頼

これらアプリを使用した「デジタル情報」に対して、AIが自動解析し、タイムリーに“現場営業”へ連携
人間により深い“顧客感動”を獲得する

いつも電子連結 × 毎日コミュニケーション × 幸福感謝の体験

「AIデジタルをフロント」とした驚きの綿密 × タイムリーなコミュニケーション

人間価値の新たな創造とAIとの戦略協業（人間が、最適なタイミングで最幸のコミュニケーション）

決定的な信頼は人間となる
そのためのAIによる効率化が必要

➡ 圧倒的な【信頼関係】を“想像”し“創造”すること

毎日達成し、翌日にご褒美申請しなければ二度と取得できません。つまり、“ユーザーは毎日、平安保険へと電子訪問”するということです。なんどきでも“安心”を与え、不安の時は24時間365日即座に対応し“驚嘆の感謝”を獲得し、毎日“共生（ともいき）”する仕組みとなっています。

平安好医生に加え、マイカー管理アプリ「平安好車主」、住まい探しアプリ「平安好房」、自動車メディアアプリ「汽車之家」といった移動、住居、娯楽の生活密着サービスを「AI×デジタル」にて革新展開しています。もちろんデジタル決済アプリ「壱銭包」も大活躍です。

さて、そこで“人間の役割”です。平安保険は、「デジタル総合密着サービス」を設計するにあたり、“人間との協業”を最重要なこととしました。そこがすごい。AIと人間の協業を演繹的に設計し、それを実現したのです。イノベーション、その概念を初めて示したのがヨーゼフ・シュンペーターです。それは、“生産要素の新結合”です。過去の延長線上にない「非連続の新結合」で、平安保険は、それを「AI×人間」にて実行したのです。

アプリをスマホに載せるのに難渋される人は必ずいます。その人のために、営業職員が実訪して丁寧にインストールし、使い方を教えます。

お客様との日々のコミュニケーションはアプリを通したAIですが、アプリでの問診結果や病院予約のデジタル履歴等をAIが人間営業へとタイムリーに情報連携し人間の助けが必要な場合は、その絶妙なタイミングで、営業職員が電話や訪問を行うのです。彼らは“決定的な信頼は人間にある”とはっきりといいます。

彼らが『(AI×人間) の新結合』にて獲得したもの、それはお客様との信頼革命でした。

平安保険は、お客様との圧倒的な信頼関係を“想像”し“創造”し、現実のものとしたのです。その新結合により、いまや社員は170万人です。

⑤ 生鮮食品で信頼を得るネットスーパー革命

もう１つ、最新の“先進”中国の事例をみてみましょう。

アリババのネットスーパー「フーマー」です。“ニューリテール”と脚光を浴びています。2016年から展開されている“電子商取引機能をもった生鮮食品スーパー”です。

生鮮食品はプラットフォーマーにとって得意分野ではありません。鮮度管理やその信頼性、宅配のタイミング等で、お客様は従来の生鮮食品スーパーに行って購入するのがまだまだ一般的です。そこをイノベーションしたのです。

フーマーのお客様は、もちろんスマホ発注が可能です。“可能”としたのは、店舗に来店し現物をみて購入できる実店舗サービスと併存しているということです。いや併存というより融合といった表現が適切です。「本当に新鮮なのか」「雑に扱われている食品ではないか」という消費者不安を一掃するには、実際に現物を“確認”してもらう必要があると考えました。

すなわち、配送物流センターの「見える化」と「リアル店舗化」です。消費者はリアル店舗に買い物（あるいは見学）に行き、本当に新鮮な食品であることを確認します。生けすで元気に泳いでいる魚介類や食材、それが目の前でさばかれ、宅配されることを目の当たりにするのです。

もちろん、店舗で直接選別し、購入することもできます。その場で調理を依頼し食事ができるイートイン・コーナーもあるのです。

雰囲気はアミューズメントパークです。そして、同じ商品は、ネットでも実店舗でも“同じ価格”なのです。商品札は「液晶表示」で、ネット価格と常時連動しています。

第１章で紹介したアリババによるネット販売のための既存スーパーのショーウィンドウ化に対し、アリババ自身がスーパーを行うことにより、“価格裁定取引”をなくし、新しいリテール・モデルをつくりだしたのです。「Online（ネット）」と「Offline（実店舗）」の相互エンパワメントによる“融合一体化”です。

これからの経済世界は、ネット上にとどまらず、リアルな商取引との総合一体での電脳化となる、そのことを示しています。そして、そこから継続的に醸成すべきは、大満足したお客様からの**圧倒的な信頼**なのです。その満足の実体験と感動が、長きにわたる「スマホ注文」へとつながっていきます。

「スマホ注文」は３キロ圏内30分以内の配達が決まりです。ですから、カゴ詰めは“３分”で行わなければなりません。そこで、注文と同時に宅配用の保冷カバンが自動的に用意されます。保冷カバンにはQRコードが貼ってあり、それを店舗スタッフがスキャンすると詰めなければならない商品が一覧されます。

カゴ詰めが済んだカバンはリフト形式のベルトコンベヤーにフッキングされ、店舗上空を移動し、次の店頭エリアへと移動していきます。そうです。カゴ詰めはそれぞれの担当エリア内だけでよいのです。それを流れ作業として完遂し、そのカバンは最後には壁を超え、“宅配大軍団”が待っているところに到着し、即座に配達されます。そして、注文品が30分で自宅に届くのです。

リアル店舗でみた、イートイン・コーナーで食べた生鮮食品、あの確かで新鮮で上等な食品が、自宅に30分で、しかもまとめて届くのです。私だけではない多くの人が実際に購入しているあの賑わったお店の食材がわずか30分で届くことを体験するのです。

ここで注記すべきは、フーマーの目的は、できる限り生鮮食品の販売を“ネットへと誘導”することです。リアル店舗の“体験”を通して、ネットショップでの「反復継続客」へと変換することがスーパーフーマーの事業目的です。

この“ニューリテール”と呼ばれるイノベーションにより、百貨店、スーパーが最後の砦としていた生鮮食品事業も、これから大きく浸食されるものと想定します。Amazonの創業者であるジェフ・ベゾスは、フーマー上海店を見学した後、2017年に良質オーガニック食品で有名なホールフーズ・マーケットを137億ドルの巨費にて買収しました。

フーマーでは、“人民元は使えません”。使えるのは“フーマー・フレッシュアプリ”のみです。

もちろん、裏ではアリペイと連動しています。“フーマー・フレッシュアプリ”をダウンロードしなければ、フーマーでは買い物ができないのです。

当初は、電子決済に慣れていないお客様との一騒動がありました。その際は、店頭スタッフが丁寧に応対します。フーマーには、“大変多くの人たち”が働いているのです。

『AI×人間の新結合』は、ここでもAIによる単純な人間機能の代替という極小局面の世界ではなく、新たな人間価値と働きどころを生んでいることが確認できます。そして、中国の成功者が獲得しているもの、それはイノベーションによる、**お客様との圧倒的な信頼関係**なのです。

このようなニューリテールの動きは、日本でも始まっています。Amazonと大手スーパーであるライフ・コーポレーションは、プライムナウ・サービスにて生鮮食品のライフ店舗からの宅配サービスを展開します。

スターバックス（以下、「スタバ」）は、中国でも順調な経営拡大を続けていましたが、この１年大きな試練を迎えていると報道されています。新興の中国コーヒー事業者に、マーケットを奪われ始めたのです。それも宅配サービスが起爆剤となってです。

コーヒーだけは、宅配で注文する顧客はいないだろう、と考えていたのです。さすがに冷めるし、やはり淹れ立てが美味しい。

しかし、イノベーションによって様相が一変しました。ウーバーのような個人を活用した宅配事業の勃興です。

「スマホ受発注アプリ×地理アプリ」により、誰もが運搬事業者となることができ、大量の労働力がシフトし、また働いていない人が新たに働き出したのです。

その動きに呼応して“新種の飲食業”が勃興し始めました。テイクアウト専門店舗です。椅子もテーブルもありません。ただキッチン機能があるだけ。そこに、デジタライゼーションによる電子注文が間断なく舞い込み、それと自動連動して、宅配サービス請負の個人が即座にデリバリー業務を受託します。特にコーヒーを淹れるキッチンは極小で簡易、豆を購入し挽いて抽出です。すさまじい数のキッチン・コヒー・ショップが勃興したのです。スタバまで歩いて10分、持ち帰り10分よりは、新種のスマホデリバリー・コーヒーの到着5分、値段が安く、味も合格点ということで、大きくマーケットを浸食されています。

この異形の競争者への対抗策でしょうか、スタバ店舗の巨大化が実験されています。大型の焙煎装置や書店とのコラボレーションなど、コーヒーをアミューズメント化する動きがみられます。

東京では中目黒の巨大ビル店舗が有名です。中国で起きている異形の競争に対し、“コーヒーの本質と上質世界”で対抗するものと私は理解しています。しかし、『AI×人間の新結合』に対して、小舟のようにみえます。

⑥ レジの無人化によるお客様との圧倒的な信頼関係

最近、中国コンビニでの“無人レジ化”が盛んに報道されています。

品物を自分のカバンに入れ、後は何もしないでお店を出る。何も会計せず、店を出れば電子決済が終了する優れものです。事実はそうなのですが、中国の専門家はこの点に「感動するのは、そこではないだろう」と違和感を抱きます。

実際に店舗は無人かというとそうではなく、特売商品を勧める人、新製品を勧める人、ただ会話をしている人、さまざまな人がお客様をサポートしています。

なぜ日本人は無人レジのみに注目するのか。彼らの無人レジ化戦略の本質は、**お客様との圧倒的な信頼関係**の確立なのです。いくら和やかではつらつとした会話をしても、レジの段になると、お財布を出す、あるいはスマホ決済にしても、その時点で売り手と買い手の立場になってしまう。それまでの信頼関係が一瞬にして消失する。それがよくないと考えたのです。

会計行為をなくせば、店員とお客様は日常寄り添う友人となれる。レジの無人化を徹底することで、店舗スタッフは接客のみならず、さまざまな会話を楽しむようになりました。

もちろん、カメラモニターによる購買行動のAI分析と受発注の合理化・即時化を行っていることはいうまでもありません。しかし、第一に考えていることは、お客様との圧倒的な信頼関係の確立なのです。

“Amazon Go（アマゾンゴー）”も、驚きの「無人コンビニ」と紹介される場合が多いのですが、同じです。「Just Walk Out」でレジはありません。スマホでQRコードをかざして入店すれば、後は好きな商品を選び出ていくだけです。店を出たら即座に電子決済されます。

しかし、無人レジ店舗なのですが、店内にはガラス張りのオープンキッチンがあり、人がサンドイッチを手づくりしているところをみることができます。そう、手づくりと新鮮さをアピールしているのです。

2015年、アリババは地域密着型の生活サービスポータルサイト「口碑網」の運営会社「口碑《コウベイ》」を設立しました。地域の飲食店、スーパー、コンビニ、フードデリバリー、美容院等のサービスや口コミを投稿するサイトです。ここで掲載された店舗はもちろん、双12のキャンペーン対象です。ネットから刺激を与え、地方・地域の創生を実行する強力なビークルです。

このアリババの戦略には、“地域密着”という緊密でクローズされた実体経済の、デジタライゼーションによる再形成は、地域・地方のみならず、アリババの未来にとっても重要だという経営判断があると理解しています。

「Offline⇔Online」のマクロ相乗効果に加え、緊密な小経済圏のプラットフォーム化も進めているのです。

“先進”中国の最近の動きは、『AI×人間の新結合』により、AIによる単純な人間機能の代替という極小局面の世界ではなく、新たな人間価値と働きどころを創造し、「お客様との圧倒的な信頼関係」を獲得したものと総括します。お客様との『信頼革命』がDPRの最上位の目的なのです。

真摯に“先進”中国に学び、躍動する日本独自の世界観を打ち建て、それが日本の銀行・地域金融機関だからこそできるフィナンシャル・デジタライゼーションの世界へと科学形成する必要があります（**図表8－5**）。

【図表8－5】

“最先進国”中国から考える

- ◆ 中国のフィナンシャル・デジタライゼーションはもはや“社会経済のイノベーション基盤”
- ◆「ビッグデータ⇔物流⇔商流⇔金流⇔AI」が“顧客第一”で徹底
- ◆ もはや“おもてなし精神は中国が日本の上”と自覚すべき

参考文献

本章は下記の文献を参考にしました。

『アフターデジタル』藤井保文、尾原和啓　著（日経BP）
『アントフィナンシャル』廉薇、辺慧、蘇向輝、曹鵬程　著／永井麻生子　訳（みすず書房）
『チャイナ・イノベーション』李智慧　著（日経BP）
『事例でわかる 新・小売革命』劉潤　著（CCCメディアハウス）
『平安保険グループの衝撃』ジャーイン・シュ、チャン・ホン　著／株式会社ビービット　訳・監修（金融財政事情研究会）

第9章

『デジタル・プロセス・リエンジニアリング』の具体設計
―人間とAIの“新結合”―

1 デジタル・プロセス・リエンジニアリングと信頼革命

「デジタル・プロセス・リエンジニアリングをどう革新実行していくか」について**“先進”中国**から学びました。

- お客様の“圧倒的な満足”を毎日実現できる**DPR**とする
- 内部処理のデジタル化から着想するのではなく、“お客様と毎日電子コミュニケーションする”ことを第一に**DPR**を実行する
- **DPR**の最重要目的は、「圧倒的な信頼関係」を形成するための**信頼革命**である
- そして、そこでの「決定的価値」となるのは“人間”である

信頼革命を念頭に、AIと人間の“新結合”を俯瞰しながら、**DPR**の具体的な設計に関して考察を進めます。

“イノベーション”の概念を初めて提唱したヨーゼフ・シュンペーターは、「生産要素の新結合」と定義しました。DPRはAIと人間を、“新結合”することにほかならず、まさにイノベーションそのものです。

人間の結合相手となるAIが大したものでなければイノベーションとはなりません。“馬車をいくらつないでも鉄道にはならない”、ヨーゼフ・シュンペーターのいうとおりです。ですから、**口座取引明細履歴情報を発起点とした“新たなデータソース”**を猛烈果敢に取り込み、不断のAI育成と進化を図る必要があります。第6章で、すでに活躍し始めている人工知能、

「HALCA《ハルカ》」を紹介しました（**図表9－1**）。

このハルカたちの基本特性をおさらいし、**DPR**の具体的な設計を考察していきます。ハルカは人間と“新結合”する相手ですから、その有効性、代替性をきちんと性能評価し、“馬車”ではないことを確認します。

【図表9－1】

② 企業目利きのエキスパート　HALCA-A（口座出入俯瞰モデル）

HALCA-A（口座出入俯瞰モデル）は、人間の「実調機能」の補完と代替を担う人工知能です。

流動性預金残高、事業性入出金の現時点波調等のさまざまな口座出入り情報を24時間365日不断にAIモニタリングします。

それにより、決算端境期の経営状況を常時モニタリングでき、過去決算と口座動向の関係照合による「今期業績予測」、期中の「格付見直し自動トリガー」として機能します。

決算情報の離散定点観測、構造タイムラグ、差別性のない個社情報といった特性限界を補完する性能があります。

これまで、決算端境期における情報補完は、現場営業の実調にて営々と実行してきました。しかし、近年の現場陣容の縮小、熟達者の退職などにより、質量ともにその実行能力は限界を呈しています。

HALCA-Aは、人間が現場訪問し社長や経理担当にヒアリングする内容を、口座明細のすべての動きに対し、24時間365日休みなく、均質なモニタリングを費用極小にて実行し、かつ高度化への学習機能付きで人間機能の補完と代替を担うものです。

従来の「財務モデル」とHALCA-Aの相関性は高くなく、その点でも有意な補完性能を確認します。財務モデル単体では自己資本の脆弱性から「低スコア」「要注意先」となっても、キャッシュ・フローがしっかりと安定している先に対してHALCA-Aという人工知能は良好なスコアを付けます。

これにより、衰退した短期継続融資の合理的な選定が可能となりました。逆に、財務モデルによるスコアが良くとも、直近の口座動態が良いとはいえない場合、HALCA-Aは低いスコアを付けます。

融資先の変調をいち早く感知することができ、“雨が本降りになる前に”能動的な事前準備やコンサルティングが可能となります。

もちろん、そこでの具体的なアクションは“人間”となります。AIが不断に検知し、その情報を適時人間へ連携し、適切なタイミングにて人間が行動する、その“新結合”が、従来のマンパワーだけでは不可能であった融資先への“安心活機”を招来します。

“人工知能が活躍すればするほど、新たな人間機能が必要”となります。そしてその必要の束が、『新たな人間価値』の創造へとつながっていきます。

③ 事業性評価のスペシャリスト HALCA-B（商流連関俯瞰モデル）

HALCA-B（商流連関俯瞰モデル）も、人間の実調機能の補完と代替を担う人工知能です。

口座振込み・被振込みや手形等の資金授受データから「商流ネットワーク構造」をAI認知し、その構造図を「商流金額」を含め自動描画するとともに、「商流のパターン分析」も実行するものです。

各商流線がいかなる成長企業・経済圏と連結しているか、また商流網に経営破綻先あるいは懸念先が存在しないか、一次・二次の仕入れ・売上先の経営動向はいかなるものかを、休むことなく自動認識し、借入申請内容が適切で正当なものかの真正性検証やフロード・リスク（不正取引リスク）の排除にも、この人工知能は有効に機能します。

従来の営業や審査の実訪による、仕入・売上先の変更や変調、商取引の厚みの変化等の聴取を、年中無休、ゼロコスト、仮説付きでAIが実行していきます。

④ 取引先の専属アナリスト　HALCA-C（マクロ・ミクロ経済俯瞰モデル）

HALCA-C（マクロ・ミクロ経済俯瞰モデル）は、人間の「産業調査機能」の補完と代替を担う人工知能です。

商圏商流動向を、さまざまな属性（業種×規模×地域）にて組み上げ、**動態経済指標**を生成し、お客様が属する経営環境をAIにより客観可視化するものです。

「円高円安」「米中貿易摩擦」あるいは「地元大手企業の閉鎖・不振・不祥事」が与える地域経済の変化をモニタリングし予測するものです。“1社1社の全件明細をベースに多種多様の自由な切り口”で、「産業調査」を年中無休にて実行する人工知能です。

お客様にいち早くこれからの環境変化を知らせることができ、外部環境変化に対する防衛措置を前もって金融機関と共同で準備することが可能となります。

即時性、常時更新性、明細性、商流連関性を兼ね備え、独占的所有権のある口座取引明細履歴情報というデジタル経済の“電脳写し絵”に対し、HALCA-A（口座出入俯瞰モデル）、HALCA-B（商流連関俯瞰モデル）、HALCA-C（マクロ・ミクロ経済俯瞰モデル）を精製駆動することにより、人間では絶対に実行不可能の“全取引先”に対する“24時間365日”の自動モニタリングが可能となりました。“常時モニタリングする”というフロント業務は、人工知能が多くの人間機能を代替すると想定します（図表９－２）。

１つひとつをみれば、人間ができることかもしれません。しかし、全取引先に対して、均一品質にて、漏れなくかつ不断に実行することは到底できません。

そして、フィナンシャル・デジタライゼーションの世界においては、人間が関与するプロセスそのものが“そもそもお邪魔”なのです。

“常時モニタリング”のフロント機能はAIが担うべきです。

そうでなければ、“電子情報は流れない”のです。

次に、第６章では説明しなかった、新しい２人のハルカたちを紹介します。

【図表９－２】

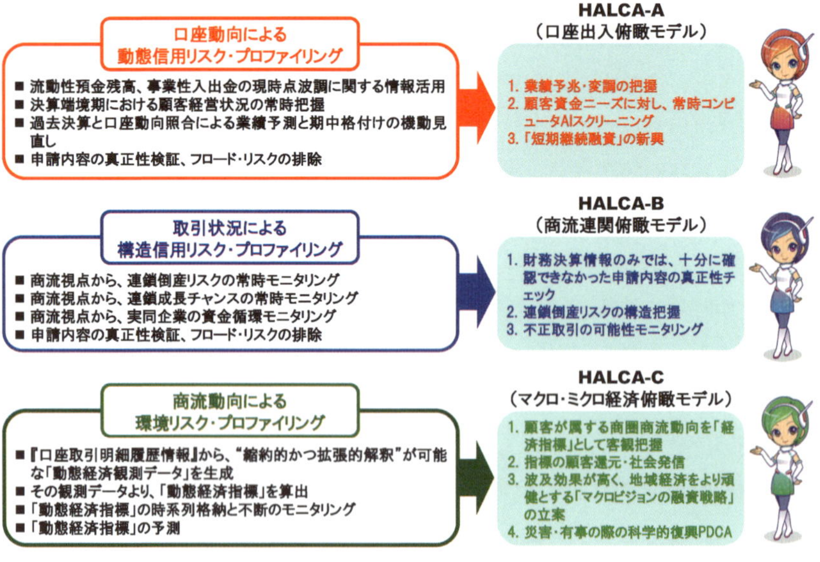
口座動向による
動態信用リスク・プロファイリング
■ 流動性預金残高、事業性入出金の現時点波調に関する情報活用
■ 決算端境期における顧客経営状況の常時把握
■ 過去決算と口座動向照合による業績予測と期中格付けの機動見直し
■ 申請内容の真正性検証、フロード・リスクの排除
HALCA-A
（口座出入俯瞰モデル）
1. 業績予兆・変調の把握
2. 顧客資金ニーズに対し、常時コンピュータAIスクリーニング
3. 「短期継続融資」の新興
取引状況による
構造信用リスク・プロファイリング
■ 商流視点から、連鎖倒産リスクの常時モニタリング
■ 商流視点から、連鎖成長チャンスの常時モニタリング
■ 商流視点から、実同企業の資金循環モニタリング
■ 申請内容の真正性検証、フロード・リスクの排除
HALCA-B
（商流連関俯瞰モデル）
1. 財務決算情報のみでは、十分に確認できなかった申請内容の真正性チェック
2. 連鎖倒産リスクの構造把握
3. 不正取引の可能性モニタリング
商流動向による
環境リスク・プロファイリング
■『口座取引明細履歴情報』から、“縮約的かつ拡張的解釈”が可能な「動態経済観測データ」を生成
■ その観測データより、「動態経済指標」を算出
■「動態経済指標」の時系列格納と不断のモニタリング
■「動態経済指標」の予測
HALCA-C
（マクロ・ミクロ経済俯瞰モデル）
1. 顧客が属する商圏商流動向を「経済指標」として客観把握
2. 指標の顧客還元・社会発信
3. 波及効果が高く、地域経済をより頑健とする「マクロビジョンの融資戦略」の立案
4. 災害・有事の際の科学的復興PDCA

5 審査の神様も驚く　HALCA-F（長期財務モデル）

“熟達審査役”には、粉飾や業容悪化を見抜く“神的な能力”があります。決算書を時系列に眺めたそのわずかな時間で、粉飾決算や業績悪化の可能性を見出す職人技です。その“神的能力”のAI複製の一つが、HALCA-F（長期財務モデル）です。

HALCA-Fは熟達審査役が決算書を時系列で観察する審査ノウハウを、CNN（畳込みニューラル・ネットワーク）により、長期時系列（7年分）にて、財務項目ごとの変化とその組合せをさまざまな重みづけで観察することを、人智を超えたスピードで繰り返し試行錯誤学習し、貸出先のデフォルト確率を計算する人工知能です。

粉飾決算、申請内容の真正性検証、フロード・リスクの排除にも役立ちます。

通常の「財務モデル」や「口座動態AIモデル」では発見困難な事象を、**HALCA-F**は不断に自動抽出し、あたかも“名医のセカンド・オピニオン”のように機能します。

HALCA-Fのデフォルト判別能力は、**図表9－3**のとおり、従来の機械学習モデルを凌駕することを確認しています。

実際に抽出した事案を審査役にみせると“たしかにおかしい”ということが実感されます。

しかし、**HALCA-F**を審査の基幹モデルとして採用することは経営上できません。なぜなら、卓越した能力があっても、その判断に行き着いた結論がいかなる道筋により形成されたかの“監査性”に問題があるからです。

もちろん、**HALCA-F**はブラックボックスではありません。客観的な数式群が詰まったオープンボックスです。

【図表９－３】

ディープラーニングによる財務多期間AI審査モデル「HALCA－F」

HALCA-F（長期財務モデル）

- ■ 熟達審査役が貸出先の決算書を時系列にて観察する審査ノウハウを、AIによって（7年分）の財務項目ごとの時系列変化とその組合せをさまざまな重みづけで観察することを人智を超えたスピードで繰り返し学習し、貸出先のデフォルト確率を計算する人工知能
- ■ 粉飾決算、申請内容の真正性検証、フロード・リスクの排除

人間の優れた能力である多期間俯瞰の審査特質を、CNN（畳込みニューラル・ネットワーク）によりAI生成

	2011.3	2012.3	2013.3	2014.3	2015.3	2016.3	2017.3
売上高	xx,xxx	xx,xxx	xx,xxx	xx,xxx	xx,xxx	xx,xxx	xx,xxx
売上原価	xx,xxx	xx,xxx	xx,xxx	xx,xxx	xx,xxx	xx,xxx	xx,xxx
売上総利益	xx,xxx	xx,xxx	xx,xxx	xx,xxx	xx,xxx	xx,xxx	xx,xxx
販売費・一般管理費	xx,xxx	xx,xxx	xx,xxx	xx,xxx	xx,xxx	xx,xxx	xx,xxx
営業利益	xx,xxx	xx,xxx	xx,xxx	xx,xxx	xx,xxx	xx,xxx	xx,xxx
…	…	…	…	…	…	…	…
現金・預金	xx,xxx	xx,xxx	xx,xxx	xx,xxx	xx,xxx	xx,xxx	xx,xxx
受取手形	xx,xxx	xx,xxx	xx,xxx	xx,xxx	xx,xxx	xx,xxx	xx,xxx
売掛金	xx,xxx	xx,xxx	xx,xxx	xx,xxx	xx,xxx	xx,xxx	xx,xxx
…	…	…	…	…	…	…	…
流動資産合計	xx,xxx	xx,xxx	xx,xxx	xx,xxx	xx,xxx	xx,xxx	xx,xxx
…	…	…	…	…	…	…	…
固定資産合計	xx,xxx	xx,xxx	xx,xxx	xx,xxx	xx,xxx	xx,xxx	xx,xxx
総資産	xx,xxx	xx,xxx	xx,xxx	xx,xxx	xx,xxx	xx,xxx	xx,xxx
支払手形	xx,xxx	xx,xxx	xx,xxx	xx,xxx	xx,xxx	xx,xxx	xx,xxx
買掛金	xx,xxx	xx,xxx	xx,xxx	xx,xxx	xx,xxx	xx,xxx	xx,xxx
…	…	…	…	…	…	…	…
負債合計	xx,xxx	xx,xxx	xx,xxx	xx,xxx	xx,xxx	xx,xxx	xx,xxx
株主資本合計	xx,xxx	xx,xxx	xx,xxx	xx,xxx	xx,xxx	xx,xxx	xx,xxx

左から右、上から下へと、7年分の決算書の勘定科目を読み込む。この審査役の目の動きと似た仕組みを再現するため、画像解析手法の1つであるCNNを採用している。財務データによるCNNの構築には、膨大な量の財務データが必要であり、金融機関単独での構築はむずかしい。

【HALCA－Fの性能（比較検証）】

2004年以降のすべての年度で、
安定的に従来モデルを上回る性能を示している。

年度	HALCA-F	RDB2013	差異
全体	0.7229	0.6991	0.0238
2004年度	0.7380	0.7183	0.0197
…			
2008年度	0.6869	0.6672	0.0197
…			
2015年度	0.7619	0.7268	0.0351
2016年度	0.7528	0.7188	0.0340
2017年度	0.7693	0.7290	0.0402

（数値はAR、アウトサンプルデータによる）

しかし、その計算構造が複雑すぎて、“結論到達の道筋を明瞭に叙述できないAI属人性”が強いのです。いかに実力があっても、この「AI属人性」を礼賛し、神のご聖沢として運営することはできません。これは、特定の熟達審査役の属人判断により組織運営できないことと同義です。しかし、熟達審査役の“意見”は、与信判断の過誤を防ぐために、とても重要です。

そのような方々の多くがすでに退職され、ノウハウ継承はすでに途絶えてしまっている可能性があります。

消失あるいは衰退した熟達審査能力をAIで新たに組成し、さらなる機械学習を積み重ね、銀行・地域金融機関の“知的財産”として継承することが**HALCA-F**により可能となりました。AIは人間の特異な優秀能力をも再興再現でき、そして継承させることができるのです。

⑥ 社長が最も信頼するアドバイザー　HALCA-G（コミュニケーションモデル）

このように、人工知能の能力は多種多様でかつ複層的に利用可能なものです。

そのなかでも、最後に紹介する**HALCA-G（コミュニケーションモデル）**は強力です。“AIアバター”という人工生命を目標に開発を進めています。

いままでご紹介してきたハルカたちは、さまざまな検知、判断、予想をつかさどるものでしたが、**HALCA-G**は“コミュニケーション”をつかさどるものです。

さまざまなハルカたちにより検知、判断、予想されたデジタル信号に対し、閾値や組合せにより、**人工知能ニュース**を精錬生成します。

ニュースという“テキスト形式”へと生成変換しているところがポイントです。これにより、人間営業現場への具体的かつタイムリーな情報連携やコミュニケーション・ネタの提供となるのです。

そしてさらに、**HALCA-G**が、LINE、SNS、メール等のコミュニケーション・チャネルから、AI実調を能動実行します。お客様と電脳コミュニケーションし、新たな顧客情報を自動生産し、さらなる関係深化と拡大を担う人工知能（人工生命体）です。

HALCA-Gは、**ファクト・ニュース**のみならず、口座動態の裏に潜む可能性の**仮説ニュース**も生成します。現在、その種類は1,000種類にも及び、まるでテレビ局のように毎日休みなく、活動しています。

ファクト・ニュースの、お客様への常時タイムリーな提供により、さまざまな“気づき”といつもみてもらっているという“信頼感”を醸成します。また“何でもない日常会話のネタ”としても機能します。

HALCA-Gが、毎日社長の“スマホに訪問”して、寄り添うのです。もちろん、**HALCA-G**と社長の会話は、人間営業にタイムリーに連携されていきます。そして、ここぞというタイミングで、人間が登場し、決定的なバリューを提供するのです。その対話シナリオ一貫のAIと人間のシームレスな協業組上げが、**DPR**設計の重要なポイントとなります（**図表９－４**）。

「仮説ニュース」としては、たとえば、“資金逼迫度合い（社長の気持ち推察)”や“業績予想”等が有効に機能します。

HALCA-Gが、“仮説”に基づくタイムリーな営業提案を休みなく実行するとともに“奥行きのある会話”を成立させていきます。もちろん、24時間365日休まずの全取引先へのコミュニケーションであり、ここぞというタイミングにて、人間が登場するのです。

以上、“５人のハルカたち”の人工能力に関し確認してきました。**口座取引明細履歴情報**という銀行・地域金融機関しか保有しない“黄金情報”から、きわめて働き者で有能な人工知能を精錬精製できることを具体説明しました。

【図表９－４】

AIコミュニケーションモデル 「HALCA－G」

“ファクト”と“仮説”
により綿密なAIコミュニケーション

- ■ “ファクトに基づくニュース”を常時AI探索・自動生成し、営業および審査の現場へ発信
- ■ 口座動態の裏に潜む可能性を、“仮説ニュース”としてAI生成
- ■ LINE、SNS、メール等のコミュニケーション・チャネルから、チャットボットによるAI実調
- ■ お客様とAIコミュニケーションし、“新たな顧客情報”を自動拡大生産

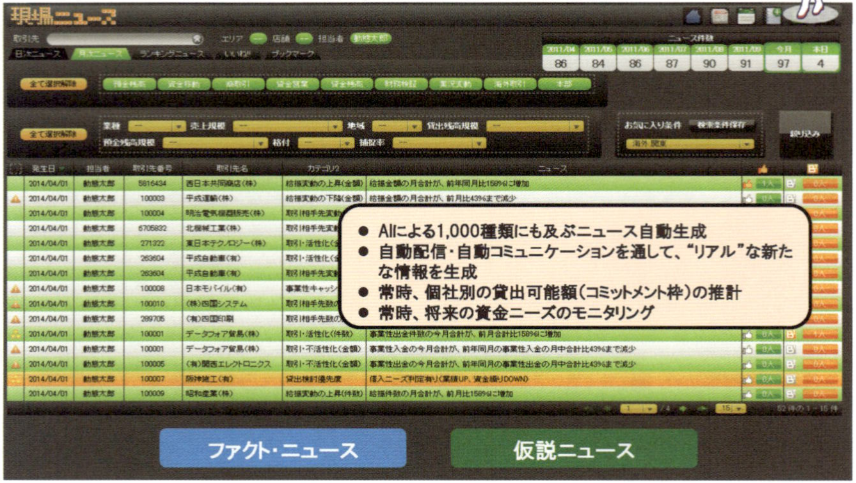

7 人工知能との協業と棲分け

次にDPRの「基本構造図」を再掲し、人間との“新結合”に足りうる十分な実力をもつAIとどう“協業”し“棲分け”するかの具体設計について考察を進めます（**図表9－5**）。

「良構造」と「悪構造」の業務空間において、“経済性”も加味しながら、「主たる基盤機能者」を選任します。ここで重要なのが、主たる基盤機能者と同時に、「付加価値機能者」を“新結合”させて構造組上げすることです。その“選任”と“新結合”がDPR設計の要諦中の要諦です。

「良構造×低規模性（高規模性）」においては、AIが最も効率的な生産要素であり「主たる基盤機能者」となります。

しかし、そこでは人間は必要ない、ということではありません。人間は必要です。というのも、AIは“過去の延長線上の判断”において人間を凌駕するもので、過去の延長線上ではない事象には、そもそも無力に近いからです。

良構造問題として認識される「運転資金」に関しても、過去の延長線上ではない“次元を超えた成長”が背景にある場合があります。知人の会社において、わずか1年で、50名から総従業員800名ほどの会社へと急成長したケースがあります。社員急増に伴う「運転資金」の借入れを銀行にお願いしましたが、否認されたそうです。「それはありえない！　疑わしい！　そもそも経営は大丈夫か!?」ということでしょう。

他の銀行に熱意を込めて説明し、支店長の勇断もあって無事に借入れに漕ぎ着けました。人間の判断においても、このような状況ですから、AIが担ったら即刻棄却となるでしょう。

人間の強みは、“過去の延長線から変わったかの認知能力”です。知人の会社は現在“東京証券取引所市場第一部上場”を果たし、その後も事業を順調に拡大しています。

【図表9－5】

DPRの基本構造図

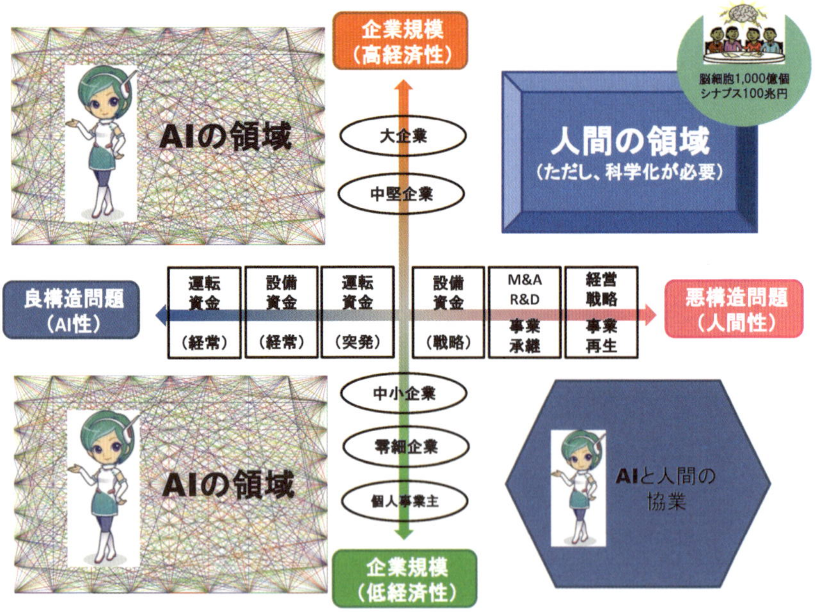

8 「人間」と「意思決定の科学」の“新結合”

良構造×低規模性（高規模性）においては、デジタライゼーションによる電子接続の進展、圧倒的な電脳処理能力から、AIがお客様とのデジタル・フロントを担い、驚きのコミュニケーションを実行すべきです。

しかし、AIは“過去の延長線”における予測行動ですので、延長線上ではない事案に関しては、判断過誤が生じます。この判断過誤に対し、人間による“再審査機能”は“論理的に必要”です。ここにおいて、人間は『**付加価値機能者**』となります。もちろんこのことは、AIの承認案件においても同じです。融資先が“過去の延長線上にない事態”に陥っている場合を感知し、当該案件を再考できるのは人間のみです。しかし、大量のAI棄却（承認）案件のすべてを人間が再審査するということは不可能です。したがって、“どのようなAI棄却（承認）案件を再審査の対象とするか”を人間が客観設定し、その抽出行動をAIが担います。たとえば、商流連結の事象変化、入出金状況の変化等に客観トリガーを設置し、AI棄却（承認）案件から“人間再考事案”を、“別のAI”が不断に抽出するのです。前掲の**HALCA-F**（長期財務モデル）は、そのようなAIとしても有効でしょう。

以上のとおり、AIと人間の「代替」と「補完」は単純単層なものではなく、“有機的な結合構造”をもつのです。

それが、ヨーゼフ・シュンペーターの提唱する“新結合によるイノベーション”です。DPRの具体設計における重要なポイントです。

悪構造×高規模性の領域においてAIは無力に近いものです。なぜなら、コンピュータが解けるように“問題構造を客観定義できない”からです。そして、事案そのものが“過去の延長線上での判断とはならない”ものだからです。

数年に一度の、企業の生命線となる巨大な設備投資の適正性は、その金額の許容性もさることながら、技術的方法や将来の市場見通しなど多方面からの検討が必要です。陳腐化リスク、市況展望、ライバル企業の台頭など、その意思決定は多岐に渡る知見と判断が不可欠です。AIにとっては、まったくもって無理な話です。人間は、この領域に特化すべきです。

悪構造×高規模性はまさに人間の領域であり、人間が主たる基盤機能者となります。この領域に人間が特化できるよう、他の領域でのAI基盤機能化を極力進め、人間生産要素を配置できるようにすることが、DPR設計上の最も重要なポイントとなります。

しかし、この領域において“人間機能”だけで十分であるかというとそうではありません。M&A、大型設備投資、事業承継等において、選択した経営戦略に対する結果データを長期時系列にて集積し、意思決定の有効性に関して検証モニタリングすることが重要です。さまざまな意思決定問題に対して、「属性分類（内容・規模・期間・技術・市況等）」し、その後の経過を保存し、データベース化します。それを今後の新たな意思決定問題に対する“科学基盤”とします。

地元の大企業であっても、戦略的な意思決定問題はそう頻繁には発生しません。銀行・地域金融機関だからこそ、多くの意思決定問題とその後のパフォーマンスに関する情報を集積できるのです。

この「**悪構造問題データベース**」は、戦略決定に有意義なことはもちろん、その後の経過モニタリングと中途更改においても重要な価値を発揮します。投資判断は初回１回がすべてではありません。

変化の激しい現代社会において、「段階的な投資」と「機動的な方針変更」は、とても重要な経営能力です。当初想定していた市況や売上にならないときに、いかなる意思決定をするかの“シナリオ別選択肢”がデータベースから創出されます。

初回投資時点において、３年後のチェックポイントにおける業績の可能性の複数シナリオと、それぞれのシナリオ発現時の対処方針を事前構造化できるのです。

「この悪いシナリオが発現したら事業撤退しよう、追加投資をやめよう」「この良いシナリオが実現できたら、一気に戦略投資し、マーケットを占有しよう」等の柔軟で機敏な経営、チャンスを逃さない、危険を巧みに回避する経営が実現できるのです。

従来の与信アプローチでは、お客様の経営意思決定に対し、“貸出時の吟味だけ”で、その後は返済さえ滞らない限り関与しない、返済困難あるいは不安事態に陥った時に初めてコミュニケーションを開始するのが一般的です。

貸しっぱなしで、後は借入企業の責任、というアプローチとも解せます。このアプローチでは、『お客様との圧倒的な信頼関係』を獲得することはできません。

融資後も、その意思決定の正否に関して継続的にモニタリングする体制を“科学的に”整え、当初のシナリオから逸脱する可能性分析も融資時点で前もって実行し、その内容を融資先と共有のうえ、将来のチェックポイント（時期と方法）を合意し、“想定シナリオを逸脱した場合”の対応策を事前決定しておく、「投資判断と事後モニタリングの科学化」を形成する必要があります。

想像を超える政治・技術・競合環境の変化が起きている現代社会において、“意思決定の科学化”は企業の発展・衰退をつかさどる最も重要な経営技術となります。

地域・地方を代表する企業においても、まだまだ日本を代表する基幹企業のような“意思決定の科学化”は進んでおらず未成熟の状況です。投資判断の事後モニタリングの科学手法を確立し、人間の意思決定に関する良否判断の改善に努める必要があります。

「悪構造×高規模性の領域」において、人間が「主たる基盤機能者」となりますが、人間による意思決定を高度化する科学化が必要です。

現状は“暗黙知かつ属人化”の状況にあります。「人間」と「意思決定の科学」の“新結合”が必要不可欠です。そして、そのセンター・オブ・エクスパティーズが、各地域の銀行・地域金融機関にほかありません。また、そこには、ライバルの台頭を想像しえません。

【図表９－６】

DPRの設計上の重要ポイント

◆「即時性」「常時更新性」「明細性」「商流連関性」を兼ね備え、独占的所有権のある『口座取引明細履歴情報』というデジタル経済の“電脳写し絵”から、有効な『人工知能』を精錬精製し、“全取引先”に対する“24時間365日”の常時モニタリングとコミュニケーションというフロント業務担わせる
◆「良構造」と「悪構造」の業務空間において、“経済性”も加味しながら、「主たる基盤機能者」を選任するとともに、「付加価値機能者」を“新結合”させて構造組上げする
◆「良構造×低規模性（高規模性）」においては、『人工知能』が最も効率的な生産要素であり、「主たる基盤機能者」となるが、その能力は“過去の延長線上の判断”において人間を凌駕するもので、延長線でない事象にはそもそも無力に近い。人間を「付加価値機能者」として“新結合”させる
◆「悪構造×高規模性」の領域においては、『人工知能』は無力に近い。まさに人間の領域であり、人間が「主たる基盤機能者」となる。この領域に人間が特化できるよう、他の領域のAI基盤機能化を積極的に進め、人間生産要素を配置できるようにする
◆「悪構造×高規模性」の領域において、人間が「主たる基盤機能者」となるが、人間による意思決定を高度化する科学化が必要であり、「投資判断と事後モニタリングの科学化」を形成する「悪構造問題データベース」を形成し、「人間」と「意思決定の科学」の“新結合”を行う
◆『人工知能』と『人間』の「代替」と「補完」は単純単層なものではなく、“有機的な結合構造”をもつよう“新結合”する

第10章

『人間が先鋭化すべき価値』とは?

―DPRイノベーションを最高のものとするため―

1 フィナンシャル・デジタライゼーションの世界で人間だけができること

フィナンシャル・デジタライゼーションの世界において、人間が先鋭化すべき価値とは何でしょうか。

AIと人間の“新結合”によってDPRイノベーションを最高のものとするために重要な考察となります。

それは信用創造から将来創造へとパラダイム・シフトして行動することと考えます。お客様にとっての“過去の延長線上”をなぞるのではなく、“より良い次元への誘い”“いまの次元を超える”ことにこそ、人間の本源的価値があります。なぜなら、AIは“過去の延長線上での良判断”にすぎないからです。

前掲の急成長会社への融資案件は、お客様が“次元超越の端緒”にいたという事案です。**“次元超越の可能性”を人間が評価し、確固たる“扉”をファイナンスとして提供**できるかの問題です。

一方、ある会社では、経営環境の変化や未知のライバルの出現によって急激に業績が悪化し始めるケースもあるでしょう。

HALCA-A（口座出入俯瞰モデル）やHALCA-B（商流連関俯瞰モデル）、HALCA-C（マクロ・ミクロ経済俯瞰モデル）は、その端緒に“気づく”ことはできます。しかし、その後の行動はとれません。

もちろんHALCA-G（コミュニケーションモデル）ではコミュニケーションができます。しかし、その後の対話が続かない。なぜなら、“過去非延長”のうえ、“悪構造問題”であるからです。

ハルカたちにより形成される“仮説”はもちろん利用できます。しかし、**お客様の“未来”に関してコミュニケーションできるのは人間だけ**なのです。

人工知能は、不断に全件全社に対して自動モニタリングし、将来の“仮説”を産出します。そのなかから、「良展望」「悪展望」を問わず、**“次元変化の端緒”を判定し、お客様の適切な事前行動、対処行動を導き出せるのは人間だけ**なのです。

第9章で、「良構造×低規模性（高規模性）」における、AIと人間の有機結合の必要性を、AI棄却（承認）案件の再審査機能のところで述べましたが、“次元変化の端緒”を判定し、お客様との適時有意なコミュニケーションを形成するようAIと人間の“新結合”を行うことは、DPRの具体設計における重要なポイントとなります。

もう1つの『人間が先鋭化すべき価値』は、過去の延長線からの“新たなパス”の創造により、「次元を変える」「次元を超える」能動アクションを企業経営にもたらすことです。

これこそ、人間にしかできません。「事業転換サポート」「BPRサポート」「抜本合理化サポート」「事業再生サポート」「事業承継・M&A・MBOサポート」がまさにそれに当たります。

これらの業務は、近年、各銀行・地域金融機関が注力している重要分野です。それらを加速できるよう、人間が十分に配置できるよう、AIと人間の全体的な役割分担を新設計することが、DPRの重要なポイントです。

「次元を変える」「次元を超える」人間価値の発揮はほかにもあります。**「地域の戦略エコシステム形成のためのマクロ的M&Aサポート」「他地域・プラットフォーマーとの電子連結サポート」**です。銀行・地域金融機関の重要な使命は、地域経済を支える企業の育成です。これからのフィナンシャル・デジタライゼーションの世界において、コアカスタマーは“法人”となるのでなおさらです。

しかしすべてが、常時電子連結、多次元相互、即時共鳴する巨大な電脳社会において、１社１社の個別育成支援では限界があります。地域経済全体で、強大な電脳社会に“新次元での組込み”がなされるよう、他地域・他業態・有力プラットフォーマーとの戦略的な電子連結へと地域経済を大きく新設計する必要があります。

新たな次元の“地域戦略エコシステム”を総合プロデュースするのです。また、地元ハブ企業による地域エコシステム内のM&A（事業承継案件もあるでしょう）、商流連結している上流・下流の他府県企業に対するM＆Aを積極展開するのです。

そこにおいて、HALCA-B（商流連関俯瞰モデル）、HALCA-C（マクロ・ミクロ経済俯瞰モデル）は有意なサポートとなるでしょう。しかし、新たな行動を生起することは人間にしかできないのです。そう“実現したい世界観”はAIには想像も創造もできないのです。

② 人間にしかできないデジタライゼーション大使とAIに対する監察監視

巨大なデジタル経済（プラットフォーマー）と電子連結するには、地元企業の徹底したデジタル化が必須です。

銀行・地域金融機関はまずは自分たちの装いを**DPR**にて完全デジタル化し、そのなかでのAIノウハウや電子連結の仕組みを地元企業へと展開することに大きな価値があります。

ここにおいても、人間が主役となります。これからの銀行・地域金融機関は、デジタライゼーションの長けている者、AI実装の経験がある者が地元企業に積極的に展開し、人財面においても、地元企業のデジタライゼーションをおおいにサポートすることが重要となるでしょう。

なぜなら、そのような経験者を、まんべんなく展開することは、地元の銀行・地域金融機関しかできないからです。

この点において日本経済は、他国に対する大きな比較優位をもっているのです。**銀行・地域金融機関が地元企業への“デジタライゼーション大使”となる**ことを期待しています。

また、人間が先鋭化すべき価値には、**AIに対する監察監視**があります。当然、人間にしかできないことです。

アルゴニズム・フェアネスの観点から、AIが意思決定するロジックが、人間に対する差別や不当な扱いを引き起こすことはないかを監察監視することはとても重要です。

しかし、特記すべきことは前述したように、ジャック・マーの「芝麻信用」は信用創造の輪から排除されていた何億人という人民に対する“AIによる救済”なのです。

つまり、AIの客観性・網羅性を社会起業家として設計すれば、“いまの人間社会システムより公正”であるという点です。

「アルゴニズム・フェアネス」を評価する場合は、AIを導入しなかった場合の不公正（現行人間社会の差別・排除）も同時に吟味する必要があります。

また、AIに対する監察監視として、“AIのパフォーマンス評価”も人間の重要な役割です。その評価を実行するにあたり、“他のAIとのベンチマーク比較”が具体的な方法となります。

さらに今後ますます、AIの意思決定や行動分野が多岐大量となることから、“AIを監察監視するAI”の開発が必要となります。そのようなことは、もちろん、人間しかできないのです（**図表10－１**）。

【図表10－1】

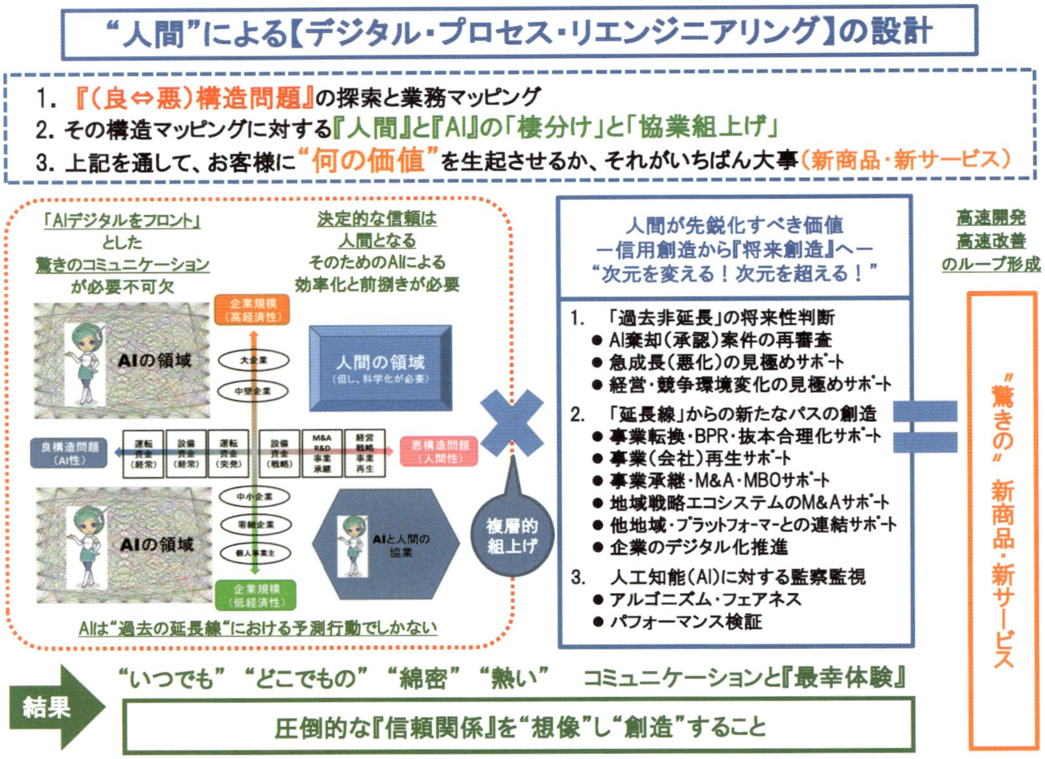
“人間”による【デジタル・プロセス・リエンジニアリング】の設計
1. 『（良⇔悪）構造問題』の探索と業務マッピング
2. その構造マッピングに対する『人間』と『AI』の「棲分け」と「協業組上げ」
3. 上記を通して、お客様に“何の価値”を生起させるか、それがいちばん大事（新商品・新サービス）
「AIデジタルをフロント」
とした
驚きのコミュニケーション
が必要不可欠
決定的な信頼は
人間となる
そのためのAIによる
効率化と前捌きが必要
企業規模（高経済性）
大企業
中堅企業
AIの領域
人間の領域（但し、科学化が必要）
良構造問題（AI性）
運転資金（経常）
設備資金（経常）
運転資金（突発）
設備資金（戦略）
M&A R&D 事業承継
経営戦略 事業再生
悪構造問題（人間性）
中小企業
零細企業
個人事業主
AIの領域
AIと人間の協業
企業規模（低経済性）
複層的組上げ
AIは“過去の延長線“における予測行動でしかない
人間が先鋭化すべき価値
－信用創造から『将来創造』へ－
“次元を変える！次元を超える！”
1. 「過去非延長」の将来性判断
● AI棄却（承認）案件の再審査
● 急成長（悪化）の見極めサポート
● 経営・競争環境変化の見極めサポート
2. 「延長線」からの新たなパスの創造
● 事業転換・BPR・抜本合理化サポート
● 事業（会社）再生サポート
● 事業承継・M&A・MBOサポート
● 地域戦略エコシステムのM&Aサポート
● 他地域・プラットフォーマーとの連結サポート
● 企業のデジタル化推進
3. 人工知能（AI）に対する監察監視
● アルゴニズム・フェアネス
● パフォーマンス検証
高速開発
高速改善
のループ形成
“驚きの”新商品・新サービス
結果
“いつでも”“どこでもの”“綿密”“熱い” コミュニケーションと『最幸体験』
圧倒的な『信頼関係』を“想像”し“創造”すること

第11章

『デジタル・プロセス・リエンジニアリング』で実現すべきこと、それは『信頼革命』

1　日本経済に求められる中小企業・個人事業主の『再興（新興）』

以上、DPRの具体設計を、AIと人間との“新結合”、そして**人間が先鋭化すべき価値**の観点から論述してきました。最後に、それらの設計行動により“**達成すべき果実**”に関して総括し、本書の締めくくりとします。

- それは、“先進中国”に学んだとおり、お客様との**信頼革命**にほかありません
- 「いつも電子連結×毎日コミュニケーション×幸福感謝の体験」により、圧倒的な信頼関係を“想像”し“創造”することにあります
- 「AIデジタルをフロント」とした驚きの綿密コミュニケーションと、人間による最適タイミングでの最幸コミュニケーションを達成することにより、“圧倒的な信頼関係”を獲得することです
- 「デジタルとリアルが融合したビジネスモデル」を“想像”し“創造”するクロステック（X-Tech）にて、最幸体験をお客様に、それも“毎日”感得してもらうことです

フィナンシャル・デジタライゼーションの世界を俯瞰すると、銀行・地域金融機関の業務において、プラットフォーマーからの大規模な浸食が起きると述べてきました。そこでも頼りとなる顧客基盤は“法人”であると主張しました。この20年、あまりに個人営業に傾斜し、法人への対応は疎かになっていたのではないでしょうか。

個人と法人は経済の“両輪”です。個人だけでは国民経済・地方経済は維持できません。働き場所がなければ生活も、地域の特性も文化を維持できません。法人という森を豊かに育てないと地域経済は涸れてしまいます。

21世紀になって、“日本の法人に起こったこと”を以下で確認します。経年の積重ねは、変化に対する感覚を麻痺させます。気がつけば、日本の法人の様相は大きな変貌を遂げています。

日本は幸いにも、諸外国に比べ、「移民問題」「宗教問題」等の社会分断が確固構造的なものではありません。日本の社会安定、法令秩序、健全民主主義、隣人愛は何度も世界的な賞賛を受けています。日本の最高の“比較優位性”であると高く評価します。

なぜ欧米諸国においては“社会の分断”が進んだのでしょうか。それは経済のグローバリズムを起因とした、「中間層の没落」です。中間層が崩壊し空洞化したので、自然と“二極化”が進んだということです。

「中間層の没落」は、社会を分断し、さまざまな社会限界となっています。世界に対する“比較優位”の最高源泉である日本社会の特質を維持するためには、中間層である『中小企業・個人事業主』の発展が何よりも重要です。分厚く元気な中小企業・個人事業主があってこその日本なのです。

図表11－1は、この15年の法人構造の変化を分析したものです。縦軸が「信用ランク」、横軸が「企業規模」にて法人のデモグラフィを俯瞰しました。日本においても“二極化”が進んでいます。

この15年で、全体として▲12％の法人が消滅しました。“中小法人規模層”が大きく減少していることが確認されます。

売上高が「１億円以上～３億円未満」で▲17.8％、「３億円以上～10億円未満」で▲17.9％、「10億円以上～30億円未満」で▲14.9％の減少です。

“信用ランク別”でみてみると、最上位格付けの「信用ランク１」は＋92.8％と驚きの倍増です。「信用ランク２」においても＋26.5％、「信用ランク３」でも＋26.1％であり、信用優良先の増加がきわめて顕著な15年であったことが確認されます。

それ以外の下位の信用ランク先は大幅減の状況です。「信用ランク５」▲22.5%、「信用ランク６」▲42.0%、「信用ランク７」▲55.9%、そして最下位の「信用ランク８」▲63.5%の大幅な減少です。

“規模（量）”と“信用（質）”の双方にて、大きな二極化が、21世紀に入り、間違いなく進んでいます。

しかし、このデモグラフィ変化は、中小企業再興のための必要な“構造改革痛”であったとも解され、まだまだ構造集約が弱いという意見もあります。

これからの大相続時代において、さらなる集約をいかに地域経済のために実現するか。皆さんの腕と頭の見せ所です。HALCA-B（商流連関俯瞰モデル）は、水平・垂直、県内外の商流連結の観点から、「地域の戦略エコシステム形成のためのM&Aサポート」として、人間との新結合での成果が期待されます。

もう１つ特筆すべきデモグラフィ変化があります。**図表11－１**の②に注目してください。“零細・小規模法人の信用ランクが良い先での増加が顕著”です。

これは楽天、Amazon等のネット通販増大やデジタライゼーションにより、フリーランス、零細事業者の勃興が起こっているものと理解します。

デジタライゼーションの社会進展の波に乗っている法人が増えている、それも“好業績”である、という事実です。

このような勃興がさらに強くならないと、やがては日本も欧米諸国のような社会の分断を迎えることになります。

そのときこそが日本社会の“長い黄昏”となるでしょう。「中間層の豊な社会」がいままでの日本の特徴でした。それは美しい文化とモラルを醸成し、比較優位の源泉です。

さて私たちは、そのような小規模事業者の勃興を十分に“感知”し、成長を促進する具体的な商品やサービスにて十分に“サポート”しているのでしょうか。

【図表11－1】

中間層の没落は、
社会を分断し、さまざまな社会限界となる

日本は諸外国に比べ、「移民問題」「宗教問題」等の
社会分断が確固構造的なものではない
国際社会に対し“大きな比較優位”となり、模範となれる

社会安定　法令秩序　健全民主主義　隣人愛

そのためには、いままでの日本の特徴・強みであった中小企業・個人事業主の“再興（新興）”が必要

（2003)年度は、法人企業統計2004の社数（4,326千件）に2003年度のRDBデータ構成比を適用
（2018)年度は、経済センサス2018の社数（3,809千件）に2018年度のRDBデータ構成比を適用

（2018）年度

事業者数	売上高（単位：百万円）						
信用ランク	30M未満	30M以上 100M未満	100M以上 300M未満	300M以上 1,000未満	1,000M以上 3,000未満	3,000M以上	総計
1	43,172	116,963	203,377	256,244	195,357	98,201	913,315
2	35,779	91,994	130,772	143,954	111,871	68,839	583,210
3	42,266	94,575	131,749	140,955	101,340	62,143	573,027
4	40,313	88,716	111,104	109,570	76,371	43,591	469,665
5	44,219	87,251	98,271	87,461	47,497	28,177	392,875
6	43,521	76,022	81,184	66,258	27,410	15,623	310,018
7	51,821	79,719	74,279	46,241	16,111	7,672	275,843
8	76,859	97,155	76,301	31,316	6,417	2,999	291,047
総計	377,950	732,395	907,038	881,999	582,373	327,245	3,809,000

（2018−2003）増減

事業者数	売上高（単位：百万円）							
信用ランク	30M未満	30M以上 100M未満	100M以上 300M未満	300M以上 1,000未満	1,000M以上 3,000未満	3,000M以上	総計	
1	27,075	67,322	103,084	103,023	81,495	57,663	439,662	＋92.8%
2	19,092	37,381	27,024	11,045	5,932	21,642	122,115	＋26.5%
3	20,774	32,376	31,203	17,570	7,536	9,131	118,590	＋26.1%
4	15,956	21,545	698	▲ 14,659	▲ 17,348	▲ 7,988	▲ 1,797	▲ 0.4%
5	15,226	106	▲ 32,784	▲ 40,813	▲ 37,120	▲ 18,935	▲ 114,321	▲ 22.5%
6	8,966	▲ 27,895	▲ 57,625	▲ 69,011	▲ 52,909	▲ 26,180	▲ 224,653	▲ 42.0%
7	▲ 4,310	▲ 62,208	▲ 107,091	▲ 98,552	▲ 49,711	▲ 28,400	▲ 350,272	▲ 55.9%
8	▲ 40,880	▲ 147,678	▲ 160,441	▲ 100,582	▲ 39,853	▲ 16,891	▲ 506,324	▲ 63.5%
総計	61,900	▲ 79,051	▲ 195,933	▲ 191,979	▲ 101,979	▲ 9,959	▲ 517,000	▲ 12.0%
	＋19.6%	▲ 9.7%	▲ 17.8%	▲ 17.9%	▲ 14.9%	▲ 3.0%	▲ 12.0%	

①
この15年、たしかに二極化が進んだ。
しかし中小企業再興のための必要な構造改革痛であったとも解される。

②
小規模層×信用ランク良い先の増加が顕著である。
これは楽天、Amazon等のネット流通の増大やデジタライゼーションにより、フリーランス、零細事業者の勃興が　起こっているものと考えられる。

①
中小企業は、
“デジタル化”
しなければ、
高齢経営者とともに
事業自体が消滅する

“デジタライゼーション”という社会進化を糧に、起業・発展する“新しい”中小企業・個人事業主の育成が重要

私は甚だ不十分であると考えます。まず現場陣容の不足から、相当な割合で感知すらできていないはずです。

そもそもデジタライゼーションの世界に真っ向から生きている彼ら自体が、私たちを「むしろ相手にしない」という状況ではないでしょうか。

社会的な法人デモグラフィの変化が、皆さんの顧客基盤においても、同等同様に生じているのでしょうか。実は法人ポートフォリオは、この15年、新陳代謝が生じておらず、どんなに関係を維持しても、数年経てば、オーナーの人生とともに終焉を迎え、銀行・地域金融機関も“老衰過程”をたどるデモグラフィではないでしょうか。“現に社会にて勃興している零細・小規模法人”を包摂しているのでしょうか。ぜひ、法人のデモグラフィ分析をしてください。

クラウドソーシングを運営するランサーズの推計によると、個人事業主のほか副業や複数企業で働く「フリーランス」は日本全体で1,090万人にも及んでいます。そのうち、独立性の高いフリーランスの人数は370万人、低い人数が720万人。

このようなニューワーカーが、“貧困層”に陥らず、分厚い日本の「中間層」と成長できるように具体的なサポートが必要です。

それは、現代日本における、銀行・地域金融機関の“働きどころ”を指し示すものです。彼らからの“認知”と“信頼”を得なければなりません。これからの日本、そして地域経済の発展のために必要な“法人発起”の大事な苗床であるからです。

“デジタライゼーション”という社会進化を糧に、起業・発展する新しい中小企業・個人事業主の育成となるよう、また、これからも存続し承継される既存企業のデジタル化変身をサポートするよう、銀行・地域金融機関は、**DPR**を早急に実践しなければなりません。

勃興し始めている新企業・新個人事業主に、現在いちばん寄り添っているのは、プラットフォーマーたちです。

彼らが総合的な信頼関係を確立する前に、本業者である皆さん方の奮起が必要です。『口座取引明細履歴情報』という比較優位があるうちに、いかにお客様との『信頼革命』を確立するかが、**DPR**の最重要命題なのです。

2 ハルカが描く AIによる新商品・新サービス

図表11－2は、HALCA-Aと従来の「財務信用格付け」を科学融合し、新しい商品・新しいサービスの“苗床”とした事例です。

縦軸が従来の「財務信用格付け」、横軸がHALCA-Aによる「口座動態格付け」です。両軸ともランク1から10へと信用劣化を示し、ボックス内数値は、想定デフォルト率（PD）を表しています。

総計縦欄の実線枠内が「財務信用格付け」のPDカーブ、総計横欄の点線枠内（赤線）が「口座動態格付け」のPDカーブです。第6章にて詳述したとおり、両モデルともに単体での有効性と相互の補完関係も確認しています。

日本リスク・データ・バンクは、この両モデルを有機結合することにより、さまざまな新しい商品とサービスを提供しています。

PDマトリックスの“点線枠内”は、財務格付は低ランク（要注意先等）となっても、口座動態情報では良好な信用評価となっている先を示しています。自己資本が脆弱でも、毎年しっかりと利益をあげている取引先です。従来はこのような取引先に「短期継続融資」を実行していました。金融危機からの健全化過程で、「短期継続融資」が衰退したことは皆さんがご存知のとおりです。いったん消滅しかかった「短期継続融資」の復旧は一筋縄ではいきません。審査の方法、諾否のポイントが人財の退職等により消失してしまったからです。

『口座取引明細履歴情報』から紡ぎ出された人工知能と従来の財務格付けと有機結合することにより、「想定デフォルト率」が“立体的”に確認でき、客観的な短期継続融資の復興が実現できるようになりました。

このような取引先には、「短期継続融資」という古い金融商品とせず、政府系金融機関と協力して、「長期劣後ローン」を新開発することも、とても有望です。

【図表11－2】

AI駆動による新しい商品・新しいサービス

口座動向による
動態信用リスク・プロファイリング

- 流動性預金残高、事業性入出金の現時点波調に関する情報活用
- 決算端境期における顧客経営状況の常時把握
- 過去決算と口座動向照合による業績予測と期中格付けの機動見直し
- 申請内容の真正性検証、フロード・リスクの排除

毎日自動審査

1. 業績予兆・変調の把握
2. 顧客資金ニーズに対し、常時コンピュータAIスクリーニング
3. 〔短期継続融資〕の新興

（HALCA-A（口座出入俯瞰モデル））

（従来の財務信用格付け）

雨が降る前の備えコンサル融資

財務ランク	DynaMIC RANK 1	2	3	4	5	6	7	8	9	10	総計
1	0.00%	0.00%	0.00%	0.00%	0.00%	0.00%	0.00%	0.0[illegible]%	0.00%	0.00%	0.00%
2	0.00%	0.20%	0.34%	0.00%	0.00%	0.00%	1.67%	0.[illegible]0%	0.00%	0.00%	0.14%
3	0.00%	0.00%	0.31%	0.00%	0.00%	0.00%	0.00%	1.43%	0.00%	3.85%	0.14%
4	0.00%	0.00%	0.00%	0.71%	0.42%	0.00%	0.65%	2.38%	0.00%	4.65%	0.36%
5	0.00%	0.00%	0.34%	0.34%	0.00%	0.79%	1.46%	2.38%	1.96%	7.14%	0.77%
6	0.00%	0.00%	0.81%	0.41%	0.00%	1.03%	1.18%	1.07%	3.60%	9.17%	1.23%
7	0.00%	0.00%	0.53%	0.89%	1.63%	0.95%	2.26%	1.63%	1.07%	6.21%	1.51%
8	0.00%	1.53%	2.03%	1.68%	1.93%	2.71%	3.79%	1.71%	5.22%	8.14%	3.19%
9	0.00%	0.00%	1.18%	0.74%	3.02%	3.94%	3.24%	3.32%	5.77%	10.05%	4.46%
10	7.41%	0.00%	7.32%	3.95%	3.94%	5.38%	6.74%	8.90%	9.82%	18.86%	10.88%
総計	0.06%	0.11%	0.60%	0.64%	1.06%	1.77%	2.79%	3.30%	5.12%	12.40%	2.28%

過小資本先へ短期継続融資の新興

「財務格付」×「動態格付」の掛合せが、新しい商品、新しいサービスを創出する

『非対面融資』Web完結

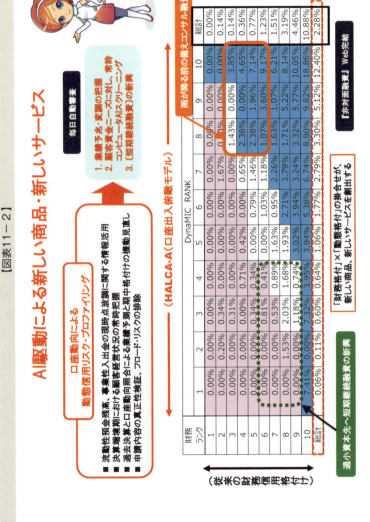

なぜなら、政府系金融機関との共同開発においても、人工知能がもたらす“科学的なデータ”と“事後検証能力”によって、客観的に進めることができるからです。

PDマトリックスの実線枠内は、逆に財務格付けは高ランクとなっている一方、口座動態情報では低信用ランクとなっている先です。これは、「財務情報の遅行性」による構造問題を、口座動態情報により複眼補完するものです。

“突然デフォルト死”が増えてきている現場の声を聞きます。競争・経営環境が激しく変わる現在において、1年の間に企業の業容は急激に悪化するということです。

口座動態情報による格付けは、年に1度ではなく、日々のモニタリングですから、融資先の変調を即座に感知することができます。口座取引のメイン化によりますが、十分な“業容仮説”を遅行性なく不断に形成できます。

これにより、“雨が本降りとなる前に、嵐となる前に”、金融および経営手当を前もって提案し実行することができます。

お客様からはこれ以上ない“感謝と信頼”を獲得することでしょう。そして、メインバンクとしてのすごさが、“口コミ”で伝播し、銀行・地域金融機関の押しも押されぬ“ブランド”となるのです。

もちろん、このような芸当は、プラットフォーマーにはできません。ただし、彼らの商流支配やネット決済支配によって早晩、競合相手となることが予期されます。

銀行・地域金融機関は、『AI×人間の“新結合”』により、「お客様との圧倒的な信頼関係」を“想像”し“創造”しなければなりません。それを現実に生起させる源は、お客様にとっての“驚きの新商品・新サービス”を開発し、提供することにあるのです。そして、それを不断に改善し改良するのです。

③ AIと人間の“新結合”による『信頼革命』が創る新商品・新サービス

私は、**以下の新商品・新サービスが、その『信頼革命』の過程にて創出される**と考えています。

・スマホさえあれば、24時間365日いつでも、そして、津々浦々、過疎地、店舗不在地、どこでも借入可能。

・年中無休の不断のAI自動審査と事業性評価の更新。

・AIアバターが丁寧即座に手続をガイドし、資料提出はWebにてタップ完結。契約はもちろんスマホでの電子約定。

・“好きな方法（回数・インターバル・金額）”で自由に返済。

・「雨の降る前の対話コンサルティング」による、先日付けでの融資実行契約。

・銀行の「コミットメントライン宣言」により、申出必要なしの“いつでも借入れ”“いつでも返済”の究極の利便性・快適性。

・年度更新の「コミットメントライン」提示の際に、信用格付け（詳細信用スコア）開示による定期健診サービス付き。

・「貸出後の将来シナリオの真摯な想像と共有」により、事後モニタリングと早期対応の事前構造化を実現する革新的なコベナンツ融資。

・コベナンツは、顧客にとって価値ある“経営の羅針盤”。AIによる自動コベナンツ・モニタリングにより、“経営者保証なし融資”の推進。

・短期継続融資を、政府系金融機関等と協業し、「長期劣後ローン」へと次元革新。

・「貸出債権流動化のIoTデジタル連結」により、いっそうの強化が懸念されるBIS規制に対応した「メガバンク中小企業ポートフォリオのデジタル流動化」による、地方銀行・地域金融機関・生命保険会社等への「リスクシェアリングの電脳バイパス」の社会形成。

・災害・有事発生時の各企業・各地域の事業継続状況の可視化。「復興PDCA」の客観科学的な推進。

などなど（**図表11－3**）。

これらの“驚きの新商品・新サービス”を『高速開発』し、なおかつ『高速改善』することができるようDPRを実現していくのです。

DPRで実現すべきは、お客様との『信頼革命』です。

「いつも電子連結×毎日コミュニケーション×幸福感謝の体験」により、“圧倒的な信頼関係”を“想像”し“創造”するのです。

現在の“銀行とお客様との関係”は、デジタライゼーションの世界における“プラットフォーマーとお客様との関係”と比べ、大変異質で劣後しています。

Amazonのように、常時身近で継続的な関係ではなく、コミュニケーションも“たまにかつ不定期”であり、お客様が銀行に相談する時は、何かしらの“難”や“不”があるときです（**図表11－4**）。

その際に自然と「頼む側⇔頼まれる側」の上下関係となり、資金の貸し借りにとどまらず、“関係自体”も貸し借りとなってしまいます。

デジタライゼーションの世界は、平等で公正なものです。それは、情報取得の平等性が保証されており、また、新たな情報、たとえば苦情や賞賛を自己表現できる世界です。したがって、プラットフォーマーとお客様との関係は公正で対等なものです。

銀行・地域金融機関が『信頼革命』を実現するためには、旧来の顧客関係を刷新する必要があります。

“性悪説”にたったコミュニケーション・スキームを刷新しない限り、プラットフォーマーには勝てません。「AIデジタルをフロント」とした綿密コミュニケーションと、人間による最適タイミングでの最幸コミュニケーションにより驚きの『信頼革命』を獲得するのです。

【図表11－3】

【デジタル・プロセス・リエンジニアリング】によりもたらされる“驚きの新商品・新サービス”

全国津々浦々での起業サポート、社長の“安心活機”

スマホ(PC)があれば、

“借りたい時に(365日24時間)” いつでも
“全国津々浦々” “過疎地” “店舗不在地” どこでも
“好きな返済方法(回数・インターバル・金額など)” いかようにでも

ONE INCH BANKING

1.「24時間いつでもどこでも」 ⇒年中無休(不断のAI自動審査と事業性評価更新)

2.「非対面完結」 ⇒来店不要。スマホ(PC)で電子約定。中途で返済スケジュール変更可能

3.「やり取りはAIアバターが実行」 ⇒必要な手続きのガイダンス、資料提出はAIアバターが実行・Web完結

4.「コミットメントライン」宣言 ⇒年度更新の「借入極度枠」の提示⇒“いつでも借入” “いつでも返済”
「究極の快適性」の提供により手数料ビジネスも増強
信用スコア開示による「定期健診」としても機能

5.「雨の降る前のコンサル」 ⇒「貸出後の将来分岐シナリオの真摯な想像と共有」
事後モニタリングと早期対応の事前構造化

6.「コベナンツのAIモニタリング」による“経営者保証なし”の推進 ⇒コベナンツは、顧客にとっての価値ある“経営羅針盤”
AIサポートにより客観常時低コストでの漏れのないコベナンツモニタリング
「長期劣後ローンへと商品発展」⇒ 短期継続融資の次元革新

7.「貸出債権流動化のビルド・イン」 ⇒「メガバンクSMEポートフォリオの活性化」
「IoTによるリスクシェアリングの電脳バイパス化」⇒ 地方銀行・生保等へ

8.「災害・有事復興機能」 ⇒震災有事発生時の各企業・各地域の事業継続状況の可視化
「復興PDCA」「コア・ハブ企業撤退・不祥事影響シミュレーション」

そもそも、銀行・地域金融機関による、“徹底的な”中小企業のデジタル化推進が、社長にとって、何よりもありがたい

【図表11－4】

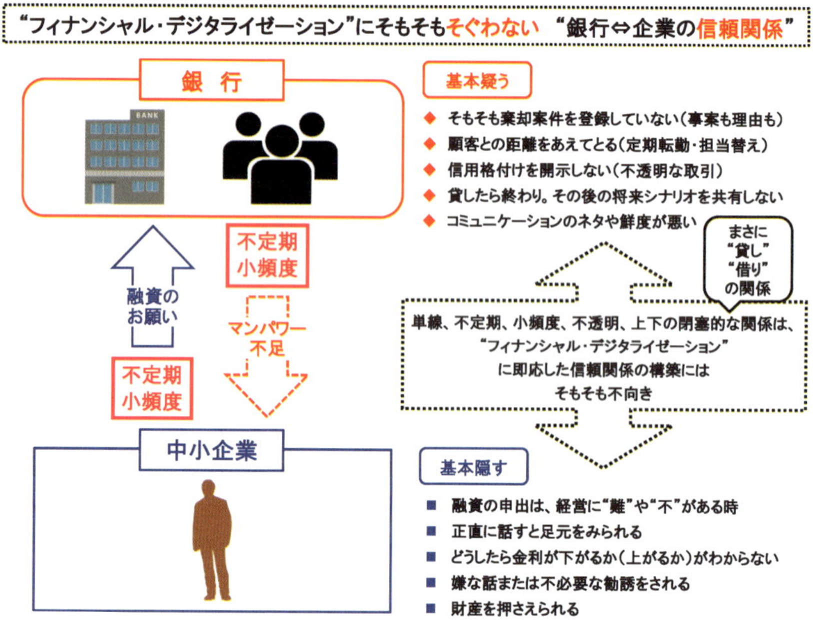
“フィナンシャル・デジタライゼーション”にそもそもそぐわない “銀行⇔企業の信頼関係”
銀 行
BANK
不定期
小頻度
融資の
お願い
マンパワー
不足
不定期
小頻度
中小企業
基本疑う
そもそも棄却案件を登録していない（事案も理由も）
顧客との距離をあえてとる（定期転勤・担当替え）
信用格付けを開示しない（不透明な取引）
貸したら終わり。その後の将来シナリオを共有しない
コミュニケーションのネタや鮮度が悪い
まさに
“貸し”
“借り”
の関係
単線、不定期、小頻度、不透明、上下の閉塞的な関係は、
“フィナンシャル・デジタライゼーション”
に即応した信頼関係の構築には
そもそも不向き
基本隠す
融資の申出は、経営に“難”や“不”がある時
正直に話すと足元をみられる
どうしたら金利が下がるか（上がるか）がわからない
嫌な話または不必要な勧誘をされる
財産を押さえられる

4 お客様との『信頼革命』と三層マーケティング態勢

いつも電子連結×毎日コミュニケーション×幸福感謝の体験により、"圧倒的な信頼関係"を"想像"し、"創造"する。DPRにより実現すべきマーケティング態勢を論述し、本書の締めくくりとします。

以下の**三層マーケティング態勢**を、いち早く実現できた銀行・地域金融機関が、今後の日本の間接金融の覇権を得ると考えています。

なぜなら、それが『信頼革命』により案出される、これからの"銀行とお客様との関係"であると確信しているからです。

第一層は、『AIアバターたちによる綿密タイムリーなコミュニケーション』です。

何でもない毎日の会話から常に寄り添い、**拡張現実（AR：Augmented Reality）を通して、『圧倒的な信頼』のための基礎基盤を形成**していきます。事前に設定されているコミットメントライン内であれば、AIアバターとのやりとりだけで融資約定が完結し、随時借入れ、随時返済をスマホで実行できます。

第二層は、『コールセンター・バンカー』です。

AIアバターたちにより投げ掛けられたファクト・ニュース、仮説ニュースにより、経営者がアクションをとりたくなった時、あるいはコミットメントラインの増枠や返済リスケジュールの拡張などに対し、**"即座に「人間」が相談にのる態勢"**です。

それは、すぐにつながる**コールセンター・バンカー**です。スマホをタップすれば、いつもの相談相手として指定されているコールセンター・バンカーのアポとりができます。

予約した時刻に電話すると、すでにコールセンター・バンカーの画面には社長の悩みの“仮説”や“実調ポイント”が展開されています。もちろん、社長へ電話する前にその内容を確認し、仮説方針を立てて臨みます。必要な緊急相談に対し、人間が価値を発揮します。

社長からの入電を待たずして、コールセンター・バンカーからの“アウトバンド”でのコミュニケーションも有効です。AIアバターによって紡ぎ出されるファクト・ニュース、仮説ニュースから、“雨の降る前のコンサル”を能動実行できるのです。

そして、社長にとって評価が高くないコールセンター・バンカーの“チェンジ”も可能とします。新たなコールセンター・バンカーを選定する際、候補者の一覧が“経歴”“資格”“得意分野”などが表示され、タップすれば担当者交替と予約完了となります。

第二層のコールセンター・バンカーでは解決できない、と判断される場合は、“実面談でのコミュニケーション・コンサル”の段階となります。それが第三層のドクター・バンカーです。

この第三層は、電話でのコミュニケーションでは相談ニーズに対し十分に応えられない、むずかしい、あるいは広がりのある事案に対して、圧倒的な顧客満足を形成するものです。このアポイントメント、すなわちドクター・バンカーとの面談予約はコールセンター・バンカーが担います。

ドクター・バンカ―の“経歴”“資格”“得意分野”を紹介しながら、実面談のアポイントメントを調整します。

決定された日時・場所の店舗に社長が訪問する際の“心持ち”は、まさに“病院に行く信頼感”です。

そこに行けば、「誠心誠意相談にのってくれて、必ず助けてくれる」という絶対的な信頼感です。

すべての病気は治癒できないかもしれません。それは病院でも同じです。病気の不安や可能性を、第一層の『AIアバター』、第二層の『コールセンター・バンカー』が丁寧・綿密にモニタリングしています。

早期発見により、治癒する可能性は革新的に高まるはずです。その常時構造的なコミュニケーションにおいての病院への来店ですから、社長はもちろん、ドクター・バンカーも、“嘘のない関係”で、会社経営を守る、発展させることを共有の目的とするのです。お互いに協力し合い、改善の方策とその後の定期モニタリングを共同にて実行していくのです。

受診の際は、ドクター・バンカーより、企業格付け（詳細スコア）の情報が社長に綿密に伝達されます。それは、新たな病いの可能性を未然に防ぐことにも役立ちます。

『三層マーケティング態勢』は、お客様の自由意思によるシームレスなチャネル選択を可能とし、“AIと人間の一体協業”により、圧倒的な信頼関係を形成するものです（図表11－5）。

【図表11－5】

“デジタル・プロセス・リエンジニアリング”による『三層マーケティング態勢』
第一層
“AIアバター”たちによる
綿密タイムリーな
コミュニケーション
（拡張現実　Augmented Reality）
HALCA　ハルカ
Highly Advanced machine Learning for Confidence and Administration
HALCA-A
HALCA-B
HALCA-C
HALCA-F
HALCA-G
スマホから
ワンタッチで電話
第二層
オンラインドクター（コールセンター・バンカー）にて、
リモート受診と処方箋
指名可能
交替可能
担当者略歴閲覧
スマホで簡単予約
緊急あるいは
難しい経営症状の場合
受診アポとりへ
（店舗）
第三層
必ず助けて
くれる信頼
“嘘”はない
誠実な関係
バンカーは企業経営のドクター
BANK
“予防”
経営医療
“信用スコア”
の検診伝達
指名可能
交替可能
ドクター略歴閲覧
スマホで簡単予約
運転資金科
設備資金科
企業ドック科
リハビリテーション科
経営心療内科
事業再生外科
リスク予防科
アンチエイジング科
これからの銀行店舗は、信頼厚い、必ず助けてくれる“総合病院”
顧客の自由意思によるシームレスなチャネル選択（AIと人間の一体協業）

おわりに

思い起しますと、私（57歳）、そして、データ・フォアビジョン株式会社・日本リスク・データ・バンク株式会社（両社で42歳）は、銀行・地域金融機関の“未来に対する熱情”にて形成された“金融宮大工”でした。

海外の先進金融を進取敢為の精神で学び、そこから日本風土に適した日本独自の科学技術へと練度し、日本こそが世界に誇る最高の銀行経営を実現する。理想の科学経営を夢想し建築してきました。

読者の方には、『スプレッドバンキング（初版1996年）』を読んで頂いている方もいらっしゃるでしょうが、その方々の多くが引退されています。当時、金融財政事情研究会の担当者の方に、「なぜこのような経営管理の本が売れたのかわからない」と言われました。“熱かった”のです。

金融自由化により、売値買値（貸出金利・預金金利）の設定に関し、大蔵省・日本銀行の指導がなくなる自由と不安。これは大変な不安でした。それまでは量的拡大だけで経営が成り立っていたのですから。

でも自由なんです。とても自由なんです。正に夜明け前の“蒼い時”の心持ちでした。

しかしその後は、不安が最悪の金融危機となり、その辛い体験から、“生存こそがすべて”となりました。これは明治維新、幾多の戦争、そして敗戦の焼け野原と相似の体験と思います。

しかし、戦後の先輩たちは私たちと違うと思います。焦土から立ち上がり、国営化されていた電力事業を民営化すると同時に分割し、その後の高度成長に絶対必要であった巨大な電力供給を、それも全国津々浦々で成し遂げた松永安左エ門はこう語りかけます。

> とにかく人間はピュウピュウ寒い風に吹きさらされたものでなければ一人立ちは出来んのだ。
> この意味においていま日本人全体は自らすすんでも世界の大嵐のさなかに、素ッ裸になって吹きさらされるほどの覚悟が必要である。
> 少し風がつよいからとてちっぽけな岩角などに身をひそめるべきでない。ひそめようとしてもひそめ切れん。
> それならままよ大胆、両手をひろげてワット大きく飛び出して行きたい。

日本銀行の異次元緩和を批判しようとそれは世界の潮流です。マイナス金利度はむしろ日本が一番軽微な状況です。いまだ国家からの守護とそれに対する抵抗という矛盾した様相にあります。それは良くありません。全くもって良くありません。国家を支えるのが民間であり、その腰骨中の腰骨は、銀行・地域金融機関です。私たちは自由なんです。私たちは行動すべきです。

私が初書きしました『スプレッドバンキング』、その時私は、起業準備中の無所属（34歳）でした。“銀行の科学経営”の本を書きたい、そして読んでもらいたい、その一心で、お会いしたのが現株式会社きんざい大阪支社長の立川哲哉さんです。無所属で実績のない、そして初書きの私に出版のチャンスを下さいました。私たち金融宮大工の恩人です。この場を借りて衷心より深く感謝申し上げます。誠にありがとうございました。

2019年５月に本題にて大阪講演した際、久方ぶりに再会し、「人工知能と銀行経営」に関する切羽詰まった熱情を伝えました。早速翌日、花岡博出版部長をご紹介頂き、出版のご理解を得て、赤村聡さんを編集者として頂きました。誠にありがとうございました。

赤村さんには、23年前の立川さんと同じ熱情を頂き、読みやすい文章や章立て、カラー印刷など様々なご尽力を頂きました。ここに深く感謝致します。誠にありがとうございました。

本書は、現在における「スプレッドバンキング」であると思い、執筆しました。フィナンシャル・デジタライゼーション、AIはこのように進んでいきます。読者の方々、傍観者ではいけません。傍観では未来を無くすことになります。

VISION、ACTION、PASSION

にて“次元超越の銀行経営”を“想像”し“創造”してください。両手をひろげてワット大きく飛び出して頂きたい。AIを生産要素とし、そして自らをも生産要素とし、**圧倒的な顧客信頼**を得る、“異次元への行動”を明日と言わず、いま、いまから行動してくださることを衷心より懇請致します。日本中の中小企業が、待っているのですから。

2019年10月

金融宮大工の白寿を迎えて

大久保　豊

読者のみなさまへ

〈購入者特典のご案内〉

この度は、本書のご購読誠にありがとうございました。本書の内容のご理解を深めるための読者専用Webサイトを設けましたのでご案内申し上げます。
是非一度ご来訪ください！

読者専用Webサイトを利用される前に

・本書の購入者のために筆者が作成した読者専用Webサイトは、本書の購入者に限って使用を許可するものであり、読者専用Webサイトの内容の一部または全部を筆者の許可なく複製・頒布することを禁じます。
・読者専用Webサイトは、本書で解説した内容の理解を助けるためのものであり、実務に直接利用することは避けてください。利用により損失が生じた場合は、筆者および筆者の所属する組織はいっさい責任を負いません。
・読者専用Webサイトの著作権は筆者および筆者の所属する組織に帰属します。
・読者専用Webサイトは、利用期間内に限り使用することができます。
・読者専用Webサイトの利用に際し、必要事項のご登録、利用規定等にご承諾いただきます。

読者専用Webサイト

本書の購入者に限り下記の期間内であれば、必要事項のご登録等をいただいた後、利用することができます。期間中、随時内容を更新していきますので、ご期待ください。

以下のURLまたはQRコードからウェブ・ページにアクセスしてください。

【読者専用Webサイトの利用期間】 **2019年11月～2021年12月**

URL

https://www.riskdatabank.co.jp/smart

QRコード

人工知能と銀行経営

2019年12月3日　第1刷発行
2020年8月4日　第2刷発行

著　者　大久保　豊　・　西村　拓也
　　　　稲葉　大明　・　尾藤　　剛
　　　　小野寺　亮
発行者　加藤　一浩

〒160-8520　東京都新宿区南元町19
発　行　所　**一般社団法人 金融財政事情研究会**
企画・制作・販売　**株式会社 き ん ざ い**
出 版 部　TEL 03(3355)2251　FAX 03(3357)7416
販売受付　TEL 03(3358)2891　FAX 03(3358)0037
URL https://www.kinzai.jp/

DTP・校正：株式会社アイシーエム／印刷：株式会社日本制作センター

ISBN978-4-322-13488-9